AI시대, 인식하면 바뀐다

AI시대, 인식하면 바뀐다

제니 안(Jenny An)

생각의빛

프롤로그

2012년 여수세계박람회 강의를 할 때였다. 나는 조직위원회소속 전체 자원봉사자들에게 외국인 관람객 응대 영어 강의를 진행했다. 일반인도 있었지만, 대부분이 대학생들이었다. 진행자가 나에 관해 소개해주고 나서, 따뜻한 박수를 받으며 나는 강단에 올라갔다.

"와! 강사님 예뻐요."

예의상 하는 말인지 알지만, 기분은 좋았다.

"어머, 감사합니다. 여기 앞쪽 예쁘다고 하신 분 누구세요?"

"접니다!"

"네, 이따 영어 롤 플레이 시켜드릴게요!"

"아닙니다. 예쁘다는 말 취소합니다. 하하하."

이렇게 큰 웃음으로 훈훈하게 시작할 때까지만 해도 나는 학생들이 그렇게 배움의 열정이 넘칠 거라고는 상상도 하지 못했다.

내가 참여했던 국, 내외 강의와 행사의 다양한 경험을 바탕으로 여수세계박람회 전시관 내에서의 예상 가능한 상황별로 영어 대화문과 위기 대처 방법 등을 알려주었다. 그리고는 옆 사람과 짝을 지어 롤 플레이를 시키고, 주의할 점 등을 설명해주었다. 외국인을 응대해야 한다는 약간의 부담감과 더불어 그들이 겪어보지 못한 상황에 관한 내용이다 보니, 걱정 반 기대 반으로 다들 생각보다 훨씬 더 강의를 집중해서 듣고 있었다. 외국인 관람객 응대 내용에 이어서 영어학습법에 대해서도 약간의 강의가 이어졌다.

　"여러분, 영어단어를 어떻게 하면 잘 외우는지 그리고 많이 외울 수 있는지 많이들 고민하시죠? 지름길은 없습니다. 각자의 무의식에 그 단어가 저장될 만큼 외우셔서, 무의식적으로 튀어나올 수 있어야 합니다. 그래야만 온전히 잊어버리지 않고 자기 단어가 되는 것입니다. 무의식에 저장되려면 큰 노력이 필요하며, 개인마다 그 단어에 노출되는 정도가 다릅니다. 그것은 본인이 직접 해 봐야 알 수 있습니다. 오늘부터 당장 자신만의 영어 무의식 세계를 만드시기 바랍니다."

　강의 중 특히 이 말을 하는 동안 나는 많은 학생들과 눈이 마주쳤다. 학생들 눈에서는 강렬한 의지의 무언가가 뿜어져 나오고 있었다.

　3회에 걸쳐 진행되면서 나는 학생들이 특히 더욱더 관심을 보이는 분야를 알아낼 수 있었고, 그 이후에도 수강생들의 입장에서 강의 내용을 구성하려고 노력하게 되었다. 그렇게 큰 강의실에서 몇 백 명의 학생들이 나를 향해 배움의 열정을 반짝이는 눈으로 뿜어내는 것을 보면서, 내가 강사 하기를 참 잘했다는 생각이 들 정도로 가슴 한곳이 뭉클했고 뿌듯했다. 그리고 강의를 마친 후 강의실 문을 나서는 나를 따라와서는 개인적인 질문도

하고 배움의 의지를 불태우는 학생들을 보며, 나 또한 그들과 함께 성장해 나가고 있음에 감사했다. 그리고 계속해서 누군가에게 무엇이 되었든 도움이 될 수 있는, 울림을 줄 수 있는 강의를 계속해야겠다고 다짐했다. 또한 강의하다 보니 도움을 줄 방법이 꼭 강의를 통해서만은 아니라는 것도 깨닫게 되었다.

나는 영어 아나운서 일을 하면서 대규모의 행사 또는 국가 행사를 위해 해외에 나갈 때는 나름 한국을 알리는 일을 한다고 생각하며 자부심을 가졌다. 회사에 입사해서 해외로 수없이 출장을 가서는 더없이 한국을 세계에 알리겠다며 야심차면서도 조금은 허황한 꿈도 꾸었다. 출장 중 아무리 힘든 일이 있어도 나와 회사 더 나아가 국가를 위해 큰일을 하고 있다며 자신을 위로하기도 했었다. 어쩌면 그것이 나의 버팀목의 원동력이었을 것이다.

나는 남들보다는 다양한 분야의 일을 해왔는데, 그 일이 무엇이 되었든 어떤 형태로든 나 혼자만을 위하는 삶이 아닌 다수를 위한 삶을 살고 싶었다. 영어 강사 일을 할 때도 내가 알고 있는 지식을 학생들에게 최대한 많이 알려주려고 노력했었다. 그런 과정에서 2020년을 맞이하면서 나의 오래된 버킷리스트에 있던 책 쓰기가 내 마음에 문득 들어왔고, 실천하기로 마음먹고 책을 쓰기 시작했다.

오늘날 우리는 불안하고 혼란한 시대에 살아가고 있다. 기술이 발전할수록 삶의 전반에서 편리함이 늘어나고, 우리는 깊은 사유 없이 그 편리함에 안주하며 살아가고 있다. 그러나 지금, 자연의 질서는 무너지고 갈등과 대립은 점점 더 악화하였다. 온갖 종류의 우리가 예상치 못한 문제들은 우리를 고통스럽게 하고 있다. 원인도 해결책도 찾지 못한 채 말이다. 마치

유한한 자원을 끝을 모르고 즐기고 있다가 한순간에 차단당하고 고통스러워하는 것과 마찬가지인 셈이다.

코로나라는 바이러스로 전 세계가 위협을 받고 있다. 우리는 일상이 제한되고 미래를 알지 못한 채 불안하게 하루하루 살아가고 있다. 세상 한쪽에서는 최첨단 기술로 로봇이 사람을 대체하고, 우주선을 발사하는 모습을 전 세계가 숨죽여 보고 있는데, 또 다른 한쪽에서는 바이러스와 굶주림 등으로 죽어가고 있다.

우리가 지금까지 해 온 방식으로는 절대 해결할 수 없다는 것은 분명한 사실이다. 혼자만으로도 해결할 수 없다. 모두가 함께 변화해야만 한다. 우리는 과연 얼마나 사유하면서 살아가고 있는지 자신을 되돌아볼 때이다. 먹고 사는 것에만 급급해서 쫓기듯이 사는 것은 아닐까?

고행하는 예수에게 악마가 찾아와 그를 시험했다. 악마는 돌을 들어 보이며, 당신이 하나님의 아들이라면 이 돌을 빵으로 만들어보라고 말했다. 예수는 ≪구약≫성서를 이용해 답했다. "사람은 빵으로만 사는 것이 아니라 하나님의 입에서 나오는 말씀으로 살 것이다. (신명기 8:3)" 이처럼 우리는 빵만으로 살아갈 수 있는 존재가 아니다. 나의 내면 깊은 곳을 들여다보고, 동시에 우주 전체의 본질에 대해서 함께 사유해 봐야 할 때이다. 물론 보이지 않고 익숙하지 않은 세계로 들어가기가 쉽지는 않다. 그러나 모두 용기를 내어 도전하고 변화해야 할 때이다.

이 책에서 나는 AI 시대에 살아남기 위해서 자신을 들여다보기, 우리의 아이들을 위해 무엇을 해야 할지, 나와 남은 어떤 관계로 바라봐야 할지, 인간과 자연은 어떻게 공존, 공생할지 등을 다양한 시각으로 다루었다. 인류를 구하는 정도는 못되지만, 나의 나라 한국을 이끌어갈 사람들이 현시대를 직시하고 준비해 나가는데 나의 경험이 조금이라도 도움이 되기를 바라는 마음이다.

　이 책 전체 핵심은 'AI 시대 살아남기' 이다. 한 인간이 제대로 된 행복한 삶을 살아가기 위해서는 생애 초기부터 중요하기 때문이다. 필요에 따라 선택적으로 읽어도 되지만, 온전히 자신을 이해하기 위해서는 순서는 상관없지만 전체를 다 읽어볼 것을 추천한다.

제1장 Change 따뜻한 마음으로
휴머니즘(Humanism)과 사랑

이란 출장에서 위로를 받다

나는 프리랜서 생활을 잠시 접고 회사에 다닌 적이 있었다. 내가 다닌 회사는 해외자원 개발을 하는 회사였다. 당시 정권은 대통령 취임 이후부터 야심 차게 자원외교를 펼쳤다. 기업들도 너나없이 자원개발 사업에 뛰어들었다. 나는 그 당시에는 정부의 취지 같은 건 잘 알지 못했고, 단지 국제 비즈니스를 제대로 배워보고자 회사에 입사했었다. 특히 나는 중동지역으로 출장을 많이 다녔다. 두바이 같은 경우는 외국인 거주자와 관광객이 많아서 전혀 위험하지 않지만, 내가 자주 갔었던 이란은 사람들이 보통 생각하기에는 아주 위험한 곳이었다. 특히 비즈니스를 하기 위해 여성 직원이 가는 경우는 더욱이 드물어서, 나는 이란 내에서 아시아 여성으로서 많은 사람의 시선을 받을 수밖에 없었다.

친구들 또한 테헤란을 간다고 하면 다들 "강남 테헤란로?"라고 물었고, 이란 수도 테헤란이라고 하면 "이란을 한국인이 갈 수가 있어?" 이런 반응이었다. 그렇다. 나는 한국인이 가도 되는지를 의문을 가질 만한 그런 곳을 내 집 드나들 듯 다녔다. 또한, 나는 맡은 바에 최선을 다하고 열심히 일해보겠다는 생각으로 겁 없이 이란을 다녔다. 지금 생각해보면 정말 겁이 없었다. 그리고 오히려 그곳이 10여 년 전에는 지금처럼 위험하지는 않았다. 규율에 어긋나는 행동만 하지 않으면 말이다.

　이란 담당 팀원들과 함께 이란의 아주 작은 소도시까지 차로, 비행기로 돌아다녔다. 이란은 미국의 제재로 무역이 자유롭지 못했기 때문에 비행기 구매에도 제한이 있어서, 이란 내 로컬 비행기들은 모두 아주 오래되었다. 오래된 비행기에 내 목숨을 내맡기고 타는 그 기분은 정말 상상하기 힘들다. 단 한 번의 경험으로 모두 너무 힘들었던 탓에, 나뿐만 아니라 모든 팀원의 안전을 위해 비행기 이동은 최대한 자제하고 차로 이동을 했다. 물론 차로 이동하는 것도 끝없는 사막을 달리기도 해야 하고 차량정비 등 여러 가지 불편함이 있었지만 오래된 비행기에 목숨을 내맡기는 것보다는 덜 힘들었다. 그곳에서는 그야말로 의. 식. 주 모든 것이 힘들었다. 그러나 그 힘든 곳에서도 나는 따뜻한 위로를 받았다. 시대가 아무리 변하고 삭막한 곳에 있더라도 우리 인간만이 가지고 있는, 사람이 사람을 위로하는 따뜻한 마음은 반드시 필요하다.

　내가 이란으로 출장을 다닐 그 당시 나는 회사에 토요일도 매주 출근했었다. 입사하고 1년 반 동안 그렇게 일했다. 당연히 그 정도 해야 열심히 사는 거로 생각했기 때문이다. 물론 주 6일제 근무를 하는 시절도 당연히 아니었다. 해외 출장을 가서도 마찬가지로 열심히 했다. 누가 확인하는 것도 아닌데 마땅히 그렇게 해야 하는 줄 알았다. 현지 파트너 또는 관계자와의 미팅을 제외하고는 호텔 방에서 종일 노트북을 끼고는 보고서 작성, 자료조사, 업무 미팅 준비 등을 하고 또 했다. 조금이라도 자유시간을 가지면 마치 죄를 짓는 기분이 들 정도로 일만 했다.

그러던 어느 날 그 나라의 휴일이었을 때이다. 나는 노트북으로 일을 하면서 샌드위치를 먹으면서 좀 이른 저녁 식사를 해결하고 있었는데, 현지 파트너가 전화가 왔다. "제니 뭐 하고 있어요?" 나는 "샌드위치 먹으면서 일하는 중이에요."라고 했더니, 그가 말했다. "제니! 이 아름다운 나라에서 일만 하다가 지쳐서 돌아갈 거예요? 당신은 이미 열심히 하고 있고, 이곳에서의 출장도 당신의 아름다운 삶의 일부이고, 행복을 누릴 자격이 있어요!"

"오늘 같은 날은 좀 즐거워도 돼요. 우리 가족이 데리러 갈 테니 같이 저녁 먹으러 가요! 절대 노라고 대답하지 말고 무조건 준비하고 기다려요."라고 말하고는 그는 전화를 끊었다.

나는 순간 멍해졌다. 내가 출장 왔는데 이곳이 연휴라고 같이 쉬어도 되나? 라고 생각하면서도 나는 과연 최근에 행복한 날이 있었던가? 하고 되돌아봤다. 최근에 한 것이라고는 일뿐이었다.

그렇게 이란의 수도인 테헤란에서 예정에 없던 저녁을 먹었고, 그다음 날 더 예정에 없었던 카스피해로 며칠간의 여행을 떠났다. 뜻밖의 행운 여행을 하게 된 것이었다. 테헤란에서 카스피해까지는 차로 약 4시간 정도 걸리는 거리다. 가는 길 곳곳에 전통이 고스란히 살아있는 아름다운 마을도 있었다. 마치 흙에 영혼을 담아 빚어낸 것처럼 화려하지는 않지만 소박한 흙집들이 조화롭게 줄지어 있었다. 그리고 미국의 그랜드캐니언을 연상시키는 멋지고 웅장한 풍경도 나온다. 내 눈을 통해 들어오는 모든 것이 너무 아름답고 신비로웠고, 거친 숨을 뿜어내는 듯 험난한 절벽을 따라 나 있는 길 또한 장관이었다. 그렇게 도착한 카스피해는 공기가 맑고 고요하고 아름다웠다. 볼거리가 많거나 현대적인 아름다움이 아닌 자연 그대로

의 때 묻지 않은 아름다움이었다.

카스피해에서 밤하늘을 올려다보고는 숨 막힐 정도로 아름다워서 놀라기도 했지만, 순간 울컥했다. 별이 쏟아져 내리는 듯한 밤하늘은 마치 어린 왕자가 살았던 행성에서나 볼 법한 풍경이었다. 한국에서도 도심을 벗어나면 볼 수는 있겠지만, 온 우주의 별을 다 끌어다가 나에게만 쏟아 부어주는 듯한 그런 느낌이 든 곳은 이곳이 유일했다. 어린 시절 내가 별을 보면서 꿈을 키우던 그 시절에 대한 그리움의 눈물이었을까? 아니면 마치 온 우주가 이렇게 너를 응원하고 너의 길을 밝혀 주고 있어! 이런 느낌 때문이었을까?

지구 밖에서 지구를 바라보면 먼지만큼의 크기로 보인다고 한다. 우주적 관점으로 본다면 먼지같이 이렇게 작은 지구에서 우리는 모두 서로를 정복하고, 경쟁하고, 남보다 더 많이 가지려고 애쓰면서 그렇게 살아가고 있다. 미래를 알 수 없어 불안하고, 빠르게 변해가는 이 세상 속에서 각자 모두가 자기 자신을 사랑하고 타인을 사랑하고, 자연의 위대함에 감사하며, 우주 일부로서 우주 안의 나를 성찰하며 함께 공존, 공생해 나가기를 바라는 마음에서 이 책을 시작해 본다.

우주 일부로서 우리는 모두 각자가 빛나는 별이다. 누구나 빛이 날 자격이 있다. 하지만 우리가 밤하늘을 바라보면 별은 전체의 빛남 속에서 서로가 조화를 이룰 때 더욱더 아름답다. 고로 나 자신의 빛을 밝힘과 동시에 내 주위에 있는 별들과 함께 빛을 낸다면 얼마나 더 멋질까? 우리 앞에 펼쳐질 불안한 미래는 우리에게 위기일까 기회일까? 미래는 아무도 알 수 없지만, 우리가 모두 함께 길을 만들어나가는 것으로 생각한다. 혼자가 아닌 우리가 모두 함께 두려운 미래를 희망의 기회로 바꿔 나가기를 간절히 바란다.

케냐에서 마음의 울림을 느끼다

아프리카 케냐에 갔을 때 일이다. 세계육상선수권대회 대구 유치 행사를 위해서 케냐의 한 도시 몸바사를 간 적이 있었다. 문득 그때의 추억이 떠올라 사진을 찾아보니 전부 리조트에서 찍은 사진들뿐이었다. 아쉬운 마음에 그때를 회상해보니, 리조트 인근에서 폭동이 일어났었다. 한국, 호주, 러시아가 참여하는 큰 국제행사이다 보니 기자들이나 관계자들의 물품을 약탈하고자 하는 큰 폭동이 일어났었다. 그래서 행사장인 화이트샌즈 비치 리조트 외에는 전면 외출이 금지되었다. 한국에서 취재 온 기자들도 리조트 외부로 나갔다가 고가의 장비, 카메라 등을 빼앗기고 돌아왔다. 다만 부득이하게 이동해야 할 경우에는 차량으로만 이동하고 절대 차량 밖으로 나가서는 안 되었다. 이동 중에 차 밖에서 맨발로 창문을 두드리며 절실하게 구걸하는 아이들을 봤다. 너무 놀라기도 했지만 동시에 마음이 아팠다. 우리에겐 별일 아닐 수 있지만, 그 아이들에겐 그들이 하는 구걸이 얼마나 간절한 바람이었을까? 위험해서 창문조차 열 수 없으니 어떤 도움도 주지 못했다. 물론 그 상황에서 일시적인 도움을 준다고 근원적인 문제가 해결되리라고 기대하지는 않았지만, 그래도 도와줄 수 없다는 현실에 마음이 너무 아팠다.

　나는 사실 TV에서도 아프리카 아이들을 돕는 프로그램이 나오면 애써 보지 않았다. 열악한 환경에서 아이들이 겪는 고통을 보고 있으면 너무 마음이 안 좋았기 때문에, 굳이 그런 안 좋은 마음이 드나드는 것이 싫었고 피하고 싶었다. 그런데 그런 광경을 내 눈앞에서 보고 있으니 정말 말로 표현할 수 없는 감정이 들었다. 단지 불쌍하고 안되었다는 것을 넘어서서 저 아이들은 왜 이곳에서 태어나서 저렇게 고통을 겪고 있을까? 부터 시작해서, 내가 그곳이 아닌 한국에서 태어나 살고 있음에 정말 감사하다는 생각이 들었다. 최선을 다해 하루하루를 열심히 살아야겠다고 다짐도 하게 되었고, 내가 어떤 방법으로든 좀 더 약자의 위치에 있는 사람들에게 나눔을 실천하면서 살아야겠다고 다짐도 했다.

　케냐를 다녀온 후, 마치 나는 내 삶의 소명을 찾은 듯한 느낌이 들었다. 그리고 그때를 떠올릴 때마다 내가 얼마나 축복받은 삶을 살고 있는지 되새기게 된다. 많은 사람이 일상에서 행복을 느끼며, 자신을 사랑하고 주변을 돌아볼 수 있는 마음의 여유를 가지고 살아가길 바란다. 이 각박한 세상에서 말은 쉽지 그게 어디 쉬운 일이냐고 따져 물을 사람들도 많겠지만, 그래도 그런 바람을 가져보고 싶다.

아! 하나님, 왜 저에게 이런 시련을

　일본 출장을 가는 날이었다. 공항을 가기 전에 후배를 만나고 가려고 몇 년 만에 처음 탄 지하철에서 있었던 일이다. 돈을 구걸하는 장애인이 내 자리 근처로 왔는데, 지하철이 멈추는 반동을 이기지 못하고 "쿵" 하고 바로 내 앞에서 넘어지는데 잡아주지 못했다. 그 순간 놀람과 동시에 종교도 없고 교회 한번 가보지 않은 내가, "아! 하나님 왜 하필 저에게 이런 시련을 주시나요?"라고 속으로 외치고 있었다. 안 일어났으면 좋은 일이 하필 내 바로 코앞에서 일어난 게 싫었다. 솔직하게 고백하자면 신종코로나 때문에 남과의 접촉이 싫었던 것도 있었다.

　나는 너무 놀라서 앉아있던 자리에서 벌떡 일어나 "괜찮으세요? 119 불러드릴까요?"라고 물어봤고, 나 말고는 내 주위 사람들은 단 한 명도 어떤 행동을 취하지 않았다. 저쪽 끝자리에서부터 한 남성이 달려와서 일으켜

세우며 괜찮으시냐고 물었고, 나에게 119보다는 지하철 역사 내 신고센터가 더 빠를 것 같다며 문 옆에 붙어있는 번호로 전화를 하는 것이 좋겠다고 했다. 내가 전화를 걸려던 순간 장애인은 극구 괜찮으니 제발 신고하지 말아 달라고 사정을 했다. 정말 아팠을 텐데도 신고는 절대 안 된다고 간곡히 부탁하는 것을 보니 무언가 사정이 있나 보다 싶어서 전화하지 않았다.

그리고는 주변 사람들에게 돈을 구걸하던 것을 멈추지 않고 계속했고, 나에게도 역시 달라고 해서 주머니에 마침 있던 만원을 얼른 줘버렸다. 그 순간을 벗어나고 싶기도 했고, 내 앞에서 넘어지는 그 순간 잡아주지 못한 미안함을 돈으로 보상하고 싶었던 것 같기도 하다. 평소에는 그런 사람들에게 거의 돈을 줘 본 적이 없었다. 아니 솔직히 대중교통을 거의 이용하지 않아서 그런 사람들을 접할 기회가 거의 없는 편이다. 아무튼, 잡아주지 못한 것에 대한 양심에 가책을 돈으로라도 보상하고 싶었던 것 같다.

나는 평소에 신체적으로나 상황적으로 힘들어하는 사람을 보면 마음이 굉장히 짠했다. 그런 나이지만, 막상 이런 일이 일어나니 평소 내가 생각하던 이타심은 어디로 가고, 이기적인 나 자신이 순식간에 튀어나왔다. 나의 의식은 이타심을 생각하지만, 무의식 속엔 이기심이 더 크게 자리하고 있나 보다. 내심 나 자신이 부끄러웠다.

나에겐 장애가 있는 사촌 언니가 한 명 있다. 문득 이 사건을 계기로 되돌아보니, 나는 사촌들이 모일 때 나서서 언니를 도와준 적이 거의 없었던 것 같다. 학창 시절 방학이나 명절 때 사촌들이 모두 모여서 신이 나서 영화관을 갈 때도 걸음이 불편한 언니는 저만치서 떨어져서 우리를 뒤따랐던 것 같고, 그러면서도 불평불만을 하지 않았던 것 같다. 애써 괜찮은 척

하며 묵묵히 우리를 뒤따라오면서 얼마나 외로웠을지 이제야 되돌아본다. 성인이 되어서는 그러지 않았지만, 철없던 그때를 되돌아보니 미안한 마음에 나 자신이 부끄러워진다.

가까운 친척이 이런 상황이다 보니, 나는 업무상 해외를 나갈 때면 유난히 장애인 관련 시설들이 눈에 먼저 들어오곤 했다. 아마 어릴 때부터 친척들이 모이면 우리나라는 장애인이 살기 어려워서 주위에서 해외로 이민을 많이 한다는 얘기를 자주 들어왔기 때문에, 해외는 얼마나 살기가 좋은 지 내 눈으로 직접 확인해 보고 싶은 마음도 있었던 것 같다. 해외에서 내가 보았던 인상 깊었던 것 중 하나가 버스나 지하철을 보조수단을 이용해서 장애인들이 불편함 없이 이용하는 것을 본 것이었다. 한국과는 완전 다른 모습이었다. 한국에서는 장애인들이 버스나 지하철을 탈 엄두를 못낸다는 그런 기사도 봤었는데, 해외에서는 너무나 다른 모습이었다. 내 마음 한쪽에는 선진국은 역시 다르구나, 한국은 아직 멀었나? 이런 생각이 들었다. 그러나 다행히 한국에서도 최근 로봇 개발이 활발히 진행되고 있으며, 특히 장애인을 돕는 로봇 개발에도 큰 성과를 내고 있다고 한다.

사람과 휴머노이드 로봇

한창 인공지능이 쟁점이 되는 시점이다. 인공지능이 인간을 위협할 것이다.부터 시작해서 전 세계가 인공지능으로 떠들썩했고, 인공지능은 긍정적인 대화거리보다는 다소 부정적인 대화거리로 다루어졌다. 그런 논란의 중심에 있음에도 불구하고 우리 삶에 분명 도움이 되는 부분을 소개하고 싶다. 장애인을 위한 로봇에 관한 이야기다.

잠시 앞 상황으로 돌아가서, 지하철에서의 그런 상황에서 과연 로봇이라면 어떻게 행동할까? 언젠가는 길에도 지하철 안에서도 로봇을 꽤 자주 마주칠 수도 있을 텐데, 만약 로봇 앞에 사람이 쿵 하고 넘어지면 로봇은 어떻게 행동할까? 아마도 내가 했던 행동보다는 더 사람을 구하는 행위의 결과물을 낼까? 우리는 남의 고통을 보면 마음 아파하고, 친구의 슬픔에 함께 울어 주고, 나쁜 짓을 했을 때는 양심의 가책을 느끼고 마음이 온종일 불편한 것처럼, 인간에게는 양심, 희생, 양보, 사랑과 같은 인간 본연의 숭고한 정신이 있다. 로봇이 아무리 인간을 닮아간다고 해도 우리와 함께 마음을 나누고 눈물을 흘려 줄 수는 없다. 기계들이 아무리 인간을 넘어서 똑똑해진다고 해도 인류가 고난과 좌절을 극복하고 획득한 자유, 인권, 민주주의를 이룰 수도 없다.

인공지능으로 인류에게 위기가 닥친다면 그것은 바로 인간만이 가진 마음이 없기 때문일 것이다. 기술의 발전이 정점에 달한 지금, 우리에게 더욱 필요한 것은 올바른 마음과 철학일 것이다. 인류는 인공지능을 사용해 더 편리하고 풍요로운 세상을 만들어 갈 수 있지만, 우리가 무엇을 위해 인공지능을 개발하는지 도덕적으로 사유하지 않고 올바른 사용에 대한 사회적 합의를 끌어낼 수 없다면, 오히려 통제할 수 없는 해악이 되어 인류를 해치게 될 것이다.

그러니 결국 인공지능이 인간과 아름답게 공존하는 미래를 만드는 열쇠는 인간의 손에 달려있다. 앞으로 우리는 더욱더 양심, 희생, 사랑을 추구해 나가야 할 것이다. 인공지능을 인간에게 도움이 되도록 만들었으면 하는 바람이다. 특히 개인적으로는 장애인을 위한 활용 방안이 좀 더 활발하게 연구되고 국가 차원에서도 많은 관심을 두었으면 한다.

2000년도 중반에 나는 정보통신부에서 계약직으로 근무를 했었다. 그때 당시 정보통신부 장관은 IT839 과제로 통신분야에 주력했으며 DMB(이동 멀티미디어 방송), 와이브로(휴대 인터넷) 등 차세대 IT 산업 정책을 추진했다. 나는 그때 정보통신부를 방문하는 해외 VIP들에게 IT기술을 영어로 설명하는 프레젠터 역할을 했다. IBM과 인텔의 CEO 등 해외 방문객들이 많았지만, 그 중 특히 기억에 남는 분은 미국 통신장비 회사 루슨트 테크놀로지 CEO였다. 교육을 받고 나서 첫 프레젠테이션을 진행했던 분이라서 얼마나 떨었는지 모른다. 지금 생각해보니 내가 과연 영어를 제대로 하기는 했는지, 중간에 혼자 한국말 한 거 아냐? 싶을 정도로 어떻게 해냈나 싶다. 지나고 보니 역시 사람은 일이 닥치면 다 해내기 마련이라는 것을 확신한다. 고민이 될 때는 일단 부딪치고 보는 것도 좋은 방법이다.

나는 그때 정보통신부에서 처음 로봇을 봤고 그것이 바로 한국 최초의 휴머노이드 로봇 '휴보(HUBO)'였다. 그 당시 휴보는 아주 투박하고 무거워 보였다. 이동하는 데도 한참 걸렸다. 그래서 나는 휴보를 볼 때마다 저걸 어디다 쓰겠냐며 속으로 참 실용성 없어 보인다고 생각했다. 아는 만큼 보인다고, 로봇에 대해 지식이 없으니 고작 그렇게밖에 생각 못 했다. 오늘날 이런 세상이 올지 몰랐으니 말이다. 우리나라는 그때 당시 정부 차원의 연구 개발(R&D)본격 투자로 세계 수준의 로봇 활용 국가가 되었다. 휴보는 성능을 지속해서 개선하였고, 'DRC 휴보 2'가 미국 국방성 산하 방위고등연구계획국(DARPA)이 추진한 2015년 세계재난 로봇 경진대회(DRC)에서 우승을 차지하며 우리나라 로봇 기술을 세계에 알리기도 했다.

그때 나는 정보통신부에서 온갖 종류의 최첨단 IT기술을 배웠다. 전문 연구원들에게 2달간은 업무 없이 교육만 받았다. 그때 나는 교육을 받으면서도 속으로 '이런 기술이 진짜 미래 우리의 실생활에 쓰인다고?' 이러면서 반신반의했다. 지금 이런 최첨단 시대가 올 줄은 꿈에도 생각 못 했다. 그런데 지금 휴머노이드 로봇이 인간을 구하는 수준에까지 이르렀으니 그때의 내 생각이 부끄럽기 그지없다. 앞으로도 분명 우리의 상상을 뛰어넘는 그런 세상이 올 것이다. 우리가 감히 예측할 수 없는 세상 말이다.

최근 4차 산업혁명 시대가 대두됨에 따라 인공지능(AI), 빅데이터, 사물인터넷(IoT), 웨어러블, 생명공학 등 최신 기술 속에서 주목받고 있는 것 중 하나가 로봇이다. 휴머노이드 로봇이란 시각, 청각 및 감각 수단을 포함하는 정보 입력 수단으로 획득된 입력 정보에 따라 현재 상태를 인식하고, 인식 결과에 따라 수행할 각종 명령을 처리하는 모듈화된 프로세서들이 인간 신경계 모델을 기반으로 내부 네트워크를 통해 작동되는 로봇이다. 휴머노이드의 사전적 의미인 '인간과 비슷한 기계'에서 알 수 있듯이, 인간의 신체와 유사한 형태를 지닌 로봇을 말하며, 인간의 행동을 가장 잘 모방할 수 있는 '인간형 로봇'이다. 겉모습만 인간의 형태를 한 것이 아니라 시각, 청각 등 감각 수단을 통해 획득한 정보로 현재 상태를 인식하고 그 인식 결과에 따라 각종 명령을 처리할 수 있다는 것이 다른 로봇과의 차이점이다.

휴머노이드 로봇은 인간과 유사한 신체구조로 되어 있기 때문에 인간을 대신해서 일을 할 수 있는 직군에서 활약할 수 있다. 원전 사고, 화학공장 폭발사고, 화재 현장 등의 재난이 발생했을 때 인간은 위험한 환경에 노출될 위험이 있고, 기존 로봇들은 인간의 편리에 맞춰진 환경 속에서 유연하게 움직일 수 없다는 단점이 있었지만, 로봇의 강한 신체와 인간의 유연한 활동성을 갖춘 휴머노이드 로봇은 인간을 대신해서 안전하고 신속하게 구조 활동을 펼칠 수 있다. 또한, 휴머노이드 로봇은 우주와 같은 극한의 환경에도 투입되어 우주 비행사를 도울 수 있도록 개발되고 있다. 러시아 연구진이 개발한 휴머노이드 로봇 '스카이봇 F-850'은 이미 우주정거장 작업에 투입되기도 하였으며, 독일 항공우주센터의 휴머노이드 로봇 '롤링 저스틴'은 행성을 탐사하는 우주비행사를 지원하도록 개발되었다.

기존의 로봇보다 유연하고 인간의 신체보다 더 강인한 휴머노이드 로봇이 인간의 능력으로 해결할 수 없는 상황에서 인간을 도와주고 인간의 부족한 부분을 채워줄 수 있는 친구가 될 수 있기를 바라본다. 또한, 한국의 로봇공학자들이 따뜻한 마음과 인간을 위하는 마음으로 인간에게 행복을 가져다주는 휴머노이드 로봇 제작에 끝없이 도전해 주기를 진심으로 바란다. 때론 어떤 한계를 넘어야 하고, 불가능해 보이는 일이더라도 말이다.

중국 출장에서 당황하다

나는 2017년 방문을 마지막으로, 3년 만에 중국을 방문했다. 2011년부터 2017년까지는 한 달에 한 번씩 중국을 갈 정도로 자주 갔었지만, 중국 비지니스가 마무리된 후 오랜만에 방문했다. 내 기억으로는 정확하지는 않지만 2017년까지는 신용카드 결제 또는 현금결제로 어디를 가나 불편이 없었던 것 같다.

그런데 이번 방문에서는 살짝 당황했다. 먼저 중국 도착하자마자 이용한 곳이 편의점이었는데, 물건을 고른 후 계산대 앞에 서 있었는데 종업원이 자기 일을 하느라 계산해줄 생각이 전혀 없어 보였다. 난 그냥 서 있으면 자기 할 일을 하고 나서 해주겠지 했는데, 무작정 기다리기엔 이상하다 싶을 정도로 시간이 꽤 지났고, 다른 사람들을 보니 키오스크 기계 앞에서 다들 핸드폰으로 결제하고 물건을 가지고 나가는 것이 아닌가. '헐, 이게

뭐람.'

무언가 이상하다 싶어서 종업원에게 영어로 계산을 하겠다고 말하며 신용카드를 내밀었다. 종업원은 영어는 못 했지만, 중국어로 카드는 안 된다고 말하는 것을 내 짧은 중국어 실력으로 알아들었다. 그래서 나는 많이 놀라며 그럼 뭐로 계산이 가능하냐고 또 짧은 중국어 실력으로 물었더니, 모바일 결제 또는 현금결제만 가능하다고 했다. 그때 당연히 중국 모바일 결제 시스템은 내 스마트폰으로 사용이 불가능했고, 주머니에 있는 현금을 다 부어내듯 쏟아서 종업원이 같이 동전 개수를 맞춰주면서 겨우 계산하고 나왔다. 주머니에 있던 동전들이 그렇게 소중하게 느껴지기는 난생처음이었다. 개인적으로는 조금 당황했다. 내가 모바일 결제를 선호하지 않다 보니 일어난 일인 것 같으면서도, 왠지 한국보다 더 모바일 결제 시스템이 보편화 되어있다는 느낌을 받았다.

나는 순간, 나도 이런데 부모님께서 친구분들과 만약 여행을 오시면 신용카드 사용이 제한되는 곳이 중국에는 꽤 많다는 것을 모르고 오실 텐데, 아마도 당황하고 불편하시지 않을까? 하는 생각이 들었다. 그리고는 또 문득 나 자신도 한국도 살짝 걱정되었다. 왜일까? IT분야 전문 프레젠터였던 나도 기술발전의 속도를 못 따라가고 있는 것이었다.

2005년 8월 삼성전자는 '삼성 4G 포럼 2005' 행사에서 해외 통신사업자들과 제조업체, 표준단체 등 국내외 관계자를 모시고 세계 최초로 휴대 인터넷 서비스 와이브로(Wibro: Wireless Broadband)를 개발하여 첫 시연을 성공적으로 실시했다. 내가 직접 영어로 그 시연을 연구원들과 진행했다. 와이브로는 언제, 어디서나, 이동 중에도 무선 인터넷 접속이 가능한 서비스를 지칭한다. 공유기가 필요한 와이파이(Wifi)와는 개념이 다르고 우리나라가 자체 개발한 이동 통신 서비스이며 10여 년 후에는 LTE로 서비스가 대체되기도 했지만, 현재 우리가 스마트폰으로 인터넷에 접속하여 다양한 서비스를 즐길 수 있는 기술 발전에 초석을 제공했다고 볼 수 있다. 그리고 와이브로 시연은 세계 최초로 '핸드오버(Hand Over)' 구현을 성공리에 실시함으로써 4세대(4G) 이동통신 부문에서의 강력한 경쟁력을 전 세계적으로 선언하게 된 것이었다. '핸드오버'는 이동통신 가입자가 이동 중에도 자유롭게 서비스를 사용할 수 있도록 기지국과 기지국 사이에서 끊김 없이 서비스가 가능하게 하는 첨단 기술이다.

나는 행사를 준비하면서 공부도 많이 해야 했고, 밤새워 리허설하면서 많이 힘들기도 했지만, 이런 역사적인 행사에서 기술 시연을 담당했다는 것에 큰 자부심을 느꼈다. 그리고 무엇보다 한국이 진정으로 IT 강국이라는 것을 세계적으로 입증해주는 것만 같아서 매우 뿌듯했다.

같은 해에 부산 APEC에서도 역시 내외신 기자들과 관계자들에게 시연을 진행했었다. 그 당시 주로 IT분야의 영어 프레젠테이션을 많이 하다 보니, IT분야에 대해 공부도 많이 했고 한국의 IT기술에 대해 상당히 자부하고 있었다. 전 세계 어디를 가서도 속으로 '역시 IT는 한국이야!'를 외치며 얼마나 뿌듯해했는지 모른다. 나는 IT분야의 영어통역, 프레젠테이션, 기술발표 등을 국내외에 하러 다니면서 도맡아 하고 있었다. 그러므로 IT를 나름 좀 안다고 생각하면서 살아가고 있는데도 지금은 변화의 속도가 너무 빨라서인지, 내가 옛날 사람이 되어가고 있어서인지 모르겠지만, 예전만큼의 'IT는 한국'이라는 생각이 점점 없어지는 느낌이다. 특히 해외에 나가서 더더욱 그렇게 느낀다. 중국이 물론 지금 우리나라보다 IT기술이 앞섰다는 것은 아니지만 무서운 속도로 발전하면서 한국을 위협하고 있음은 분명한 것 같다.

우리나라가 IT 강국인데, IT 분야와 과학기술에 과연 얼마나 많은 투자를 하고 연구를 하고 있을까? 중국은 연간 인공지능에 매년 6조 원 이상을 투자하고 있다고 한다. 그럼 우리 한국은 어느 정도일까? 궁금해지기 시작했고, 동시에 신기술에 계속 적응해 나가야 하는 내 처지가 걱정된 건지, 우리나라 아이들의 미래가 걱정된 건지 모르겠지만, 어쨌든 강사로서 나는 한국의 교육과 미래가 걱정되기 시작했다.

나는 오랫동안 학생들을 가르쳐왔다. 유치원생부터 직장인까지 모든 연령층을 다 가르쳤다고 볼 수 있다. 영어, 글로벌 비즈니스 매너, 비즈니스 협상, 커뮤니케이션 등 분야 또한 다양하게 가르쳤다. 그러다 보니 각계각층 다양한 사람들과 만날 수 있었다. 그들을 보며 가장 크게 느낀 점은 '교육의 힘'이었다. 사회적으로 존경받을 만한 사람도 그리고 그렇지 않은 사람도 결국은 성장 과정에서의 교육의 힘이 좌우했다. 이 책에서 나는 지금 우리가 변화해야 할 것들을 다양하게 다루었고 교육 분야 또한 다루고 있다. 특히 아이가 있는 분들이나 예비 부모가 이 책을 읽는다면 제2장과 제3장을 더욱더 깊이 생각하면서 읽어 주기를 바란다.

또한, 교육과 더불어 중요한 것이 자신을 지켜내는 '마음'이다. IT 최첨단 기술을 다 경험해 보니, 아무리 사람이 앞서간다고 해도 기술의 변화속도를 이길 수는 없다. 다만 어떠한 시대가 오든, 어떤 상황이 닥치든 흔들림 없이 나를 지켜내야 한다. 뿌리가 튼튼한 나무는 어떤 비바람에도 흔들리지 않는 것처럼. 내 마음이 튼튼한 뿌리가 되어서 그 어떤 상황도 견뎌내야 한다. 교육에 이어 마음에 대해 자세히 다루었으니 큰 도움이 되기를 바란다.

제2장 Change 아이를 변화시키려면

어린 시절이 인생을 좌우한다

착한 사람 콤플렉스

나는 시간이 날 때마다 틈틈이 집 근처 공원에 운동하러 간다. 밤낮 상관없이 시간이 생겨서 운동을 할 수 있는 것은 프리랜서의 장점 중 하나이다. 어느 날 운동을 하러 공원을 가는 도중에 4살 정도로 보이는 한 남자아이의 대성통곡을 하는 장면을 목격했다. 어찌나 서럽고도 앙칼지게 울어대는지 나는 나라 잃은 슬픔은 비교도 못 하겠다고 생각하며 천천히 쫓아가 봤다. 그런데 이게 웬일인가. 아이의 저만치 앞에 아이 엄마가 동생을 태운 유모차를 끌고 태연하게 가고 있는 것 아닌가! '헐, 이건 무슨 시츄에이션?' 아이가 서럽게 울면서 쫓아가 겨우 엄마 손을 잡으면 엄마는 쳐다도 안 보고 매몰차게 아이 손을 뿌리치고를 여러 차례 반복했다. 엄마가 아이의 손을 뿌리치면 아이는 세상을 다 잃은 듯 날뛰며 뒹굴고 울어댔고, 엄마가 멀어져 가면 일어나서 또다시 쫓아갔다.

그러다 딱 한 번 엄마는 아이에게 말을 했는데, 잘 들리지는 않았으나 무척 아이를 꾸짖는 말 같아 보였다. 아니, 아이에게 마치 분풀이를 하는 것만 같았다. 참 한숨이 절로 나오고 안타까웠다. 어른이 4살짜리 아이를 상대로 분풀이를 한들 얼마나 속이 시원해진다고 저러는 걸까? 그것도 자기 자식을 상대로 말이다. 엄마는 아이의 버릇을 고친다며 그렇게 매몰찬 행동을 했을지도 모르겠으나, 아이는 평생 씻을 수 없는 좌절감과 박탈감을 무의식 세계에 형성한 것이다. 아이는 절망에 빠졌다가 분노를 느꼈다가 서러웠다가를 반복하는 듯해 보였다.

이쯤 되니 나는 혼자 소설을 쓰기 시작한다. 딱 봐도 한눈에 알 수 있는 명품 유모차에 동생을 태우고는 우아하게 끌면서, 아이에게는 세상 가장 완벽한 절망감을 주고 있는 엄마는 혹시 계모? 너무 뻔한 스토리라고 할지 몰라도 4살짜리 아이 수준에서는 세상 가장 완벽한 시나리오다. 감정 형성에 가장 중요한 시기에 자기한테는 매몰차게 좌절감을 주면서, 동생에게는 사랑이 넘치는 눈으로 바라보는 엄마를 아이는 온갖 상상력을 다 동원해서 정의한다. 저러다가 나중에 좀 더 커서 학교에 입학해서 혹시라도 동생이 더 공부를 잘하는 상황이 벌어지면 그때 상황은 참으로 안 봐도 비디오다.

어린 시절에 부모에게 외면당하고 내쳐지는 아이는 무의식 세계에 그 감정이 그대로 저장된다. 혹시라도 부모에게 버려질까 봐 불안한 마음으로 착한 아이가 되어 부모를 기쁘게 해주려고 노력한다. 그리고는 성인이 되어서도 사람들에게 인정받지 못하고 외면당하는 것을 두려워해서 온전한 자신의 삶을 살아갈 수 없다. 내 감정보다 남의 감정을 신경 쓰고, 남들이 칭찬하는 일을 찾아서 하고, 사람들이 자신을 떠날까 봐 거절을 못 하고, 인간관계에 자신이 없어서 일 중독이 되기도 하고, 착한 사람 콤플렉스를 가지고 살아가면서 남들에게는 희생하고 좋은 사람이지만 자기 자신은 병들어가게 된다.

유아기, 인생 무의식 형성

"나도 내 마음을 잘 모르겠어!" 우리는 이 말을 자주 듣고 자주 사용한다. 어린 시절에는 어른이 되면 모든 결정을 자기 스스로 하고, 마음을 잘 다스리고, 모든 것에 책임을 지며 살 수 있을 거로 생각한 적도 있을 것이다. 그러나 막상 어른이 된 우리는 너무 혼란스럽고 힘이 든다. 마음이 내 뜻대로 좀처럼 되지 않기 때문이다. 왜 그런 것일까? 마음속 깊숙이 자리 잡고 있는 무의식 때문이다.

프로이트는 우리를 가장 힘들게 하고 때로는 내 의지와 상관없이 나를 아주 난처하게 하는 것은 바로 인간의 마음에 작용하고 있는 '무의식'이라는 것을 알아냈다. 그리고 그는 인간의 정신 영역을 의식, 전의식, 무의식으로 나누었다. 이것을 '지형 이론'이라고 하며, 큰 얼음덩어리인 빙산에 비유하여 이해를 도울 수 있다. 물 위로 솟아 있는 빙산의 맨 위는 의식적인 마음이다. 전의식은 물에 잠겨 있긴 하지만, 애를 쓰면 들여다보이는 부분이다. 빙산의 가장 주요 부분은 물속 깊숙이 잠겨 있는데, 잠수하지 않는 이상은 알기 힘든 부분이며 무의식이다. 의식은 우리가 경험하여 생각하는 모든 것, 즉 보고 듣고 느끼고 생각하는 것이다. 전의식은 늘 생각하는 것은 아니지만, 의지를 갖추고 노력하면 떠오르는 기억과 지식이다. 의식과 전의식 사이에서는 기억이 넘나들기가 비교적 쉬운 편이다. 무의식은 우리가 의지를 갖추고 들여다본다고 해서 쉽게 문이 열리는 곳은 아니다. 또한 무의식은 긍정적인 것보다 받아들이기 힘든 것, 불쾌하거나 고통스럽고 괴로운 것들을 더 잘 저장하는 곳이다. 무의식에 대해서는 뒤에서 다시 다루겠지만, 가장 강조하고 싶은 점은 이 무서운 무의식은 성장하는 과정에서 대부분이 형성된다는 것이다.

어린 시절에 아이들은 양육자, 주로 부모로부터 가장 큰 영향을 받고 자란다. 아이들은 부모의 모든 행동을 보고 배우면서 무의식에 저장하게 된다. 우리 스스로 되돌아봐도 알 것이다. 어린 시절 우리는 모두 엄마, 아빠의 행동을 모방하고 흉내 내는 것을 좋아했다. 아이는 가장 사랑하는 사람을 닮고 싶어 한다. 그러니 가장 사랑하는 부모의 좋은 점도 나쁜 점도 모두 다 배워서 무의식에 저장한다. 우리 인생을 좌우하는 것은 결국 성장과정이다. 우리 아이들의 미래를 위해서 어떤 무의식을 형성해 나가도록 해야 할지 함께 들여다보자.

아이들의 마음

　북한에서 온 여자 권투선수가 있다. 그녀는 어린 시절에 북한에서 한국으로 넘어왔다. 그녀가 한국에 대해 가지고 있던 환상은 한국에 와서 학교에 다니면서 처참히 무너졌다고 한다. 한번은 초등학교 때 친구가 복도를 지나가며 어깨를 부딪치고서 하는 말이 욕설과 함께 "북한에나 있을 것이지 왜 와서는 짜증 나게 하냐!" 는 말이었다고 한다. 이런 거친 말을 하는 아이는 꼭 문제가 있는 아이일까? 보통의 아이들도 아마 탈북자에 대해서는 당연히 저렇게 말 할 수도 있다. 그만큼 아이들 또한 어른들의 말을 들으며 탈북자에 대한 선입견이 무의식에 자리 잡고 있을 것이다. 한국에 대한 환상이 깨지는 것은 둘째 치고, 초등학생에게 얼마나 큰 상처였을지 짐작이 된다.

　그런 말을 한 아이가 내 아이가 될 수도 있다고 부모들은 과연 생각이나 할까? 대부분의 부모는 우리 아이는 아니겠지.라고 생각할 것이다. 문제는 어릴 때부터 관계의 중요성에 대한 교육이 이루어져야 하는데, 지금까

38

지 우리 사회는 아이들에게 친구들과의 공감, 소통, 협력이 아닌 오직 공부, 성적만을 강요해온 것이 아닌지 묻고 싶다. 어릴 때부터 인성은 교육되지 않으면 절대 바뀔 수 없다. 또한 많은 부모는 아이에게 인성교육을 하지는 않았으면서, 옳지 않은 어떤 사건이 발생하면 못된 행동을 한쪽은 절대 내 아이는 아닐 거로 생각하면서 살아간다.

내가 영어 과외를 하면서 겪은 얘기를 하고 싶다. 초등학교 3학년 남학생이 전혀 나빠 보이지도 않고 정말 순수하고 착해 보였다. 그런데 첫 수업 때부터 학생의 행동이 뭔가 이상하다는 것이 감지되었다. 수업에 집중을 못 한 채, 손을 어쩌지 못하고 매우 산만했다. 그러다 결국 그 손은 자꾸 내 무릎에 올렸다 내리기를 시도하고 있었다. 절대 성적인 접촉을 시도하는 것은 아니었다. 그건 내가 오랫동안 학생들을 봐온 직감으로 분명히 알 수 있었다.

나는 학생들 수업 때는 아무리 더운 여름날이라도 항상 긴 바지를 입고 다녔다. 어머님들께서 도리어 나보고 너무 더워 보인다고 할 정도로 절대 반바지나 치마는 입지 않았다. 혹시 모를 문제를 만들기 싫었기 때문이고, 학생을 가르치는 처지면 그 정도는 감수해야 한다고 약간은 고지식한 생각을 가졌기 때문이다. 나는 그 학생이 나쁜 의도가 아닌 내가 엄마 나이 또래 같아 보이니까 약간의 모성애 부족에서 오는 접촉의 결핍이라고 생각했다.

이렇게 엄마와 함께하는 시간을 많이 가지지 못하는 아이들은 모성애 부족으로 인한 애정 결핍이 생겨 무의식의 세계에 점차 쌓이게 된다. 학생이 분명 의지를 갖추고 한 행동은 아니다. 자신도 제어하기 힘든 무의식이 그런 행동을 하게 만든 것이다. 더욱이 초등학생이 그 무의식을 어찌 제어할 수 있었겠는가. 어쨌든 나는 그 학생의 행동이 무의식적으로 표출된 일종의 애정 결핍 표현이라고 생각했다. 어린 시절 충분한 사랑을 받지 못하거나 부모와의 애착 관계가 제대로 형성되지 못하면 어른이 되어서 다양한 증상으로 나타날 수 있다. 스스로 자책을 많이 하거나 타인에 대한 의존도가 높거나 혼자 있을 때 급격하게 우울해하거나 신체접촉에 집착하게 되는 증상 등이 나타날 수 있다.

그 아이에게 조금도 미워하는 감정을 가지지는 않았지만, 미혼인 나로서는 나 스스로가 수업을 할 자신이 없었다. 불편한 것을 하기 싫어하는 나쁜 내 성격 탓도 있었다. 학생 어머님께 오해가 생기지 않게 최대한 정중하게 말씀드렸고, 어머님께서도 당황은 하신 것 같았지만 일단은 끊고 나서 며칠 지나서 다시 전화를 주셨다. 어머님께서 전화를 주셨지만 아이 아빠의 말씀을 전달하시기를, 뭘 얼마나 심하게 그랬다고 수업을 못 하겠다고 하냐며 불쾌하다고 하시며 아이를 엄청나게 때리고 혼내셨다고 한다. 나는 정말 큰 실망감과 안타까움이 밀려왔다. 난 부모님이 아이에게 먼저 따뜻한 말투로 왜 그랬냐고 물어보고, 아이의 문제가 무엇인지 파악하려고 노력하길 바랐다. 그런데 그 전화를 받고는 너무너무 실망스러웠다.

나는 이런 경험을 하면서 더욱더 우리 아이들에게 필요한 것이 무엇인지 깊게 생각하게 되었다. 그렇게 많이 고민하다 접하게 된 책 중 하나가 칼비테 교육법이다. 물론 어떤 사람들은 나에게 아이도 없으면서 아이들에 대해서 얼마나 안다고 그러냐? 하시기도 한다. 하지만, 그러면 아이가 있는 모든 엄마는 과연 본인의 아이를 잘 키우고 있을까? 분명한 것은 우리 아이들은 부모님에게도 못 하는 말을 선생님에게는 잘한다는 것이다.

칼비테의 자녀 교육법

　칼 비테(1748~1828)는 19세기 독일의 유명한 천재였던 Jr. Karl Witte의 아버지이자 목사였다. 그는 미숙아로 태어난 아들을 독특한 교육이념과 방법으로 훌륭하게 길러낸 경험을 바탕으로, 1818년에 저술한 〈칼 비테의 교육법〉이란 책은 조기교육 이론서로써 지난 200년 동안 수많은 사람에게 호응을 받고 있다.

　나는 이 내용을 '영재교육', '내 아이 천재 만들기'를 위한 지침서가 아닌 앞으로 살아가야 할 급변하는 시대에 자신을 스스로 지켜내면서 사회에 잘 적응해 나갈 수 있는 아이로 키우기 위해 참고하기를 바라는 마음에서 소개한다는 것을 분명히 해 두고 싶다.

부모가 먼저 변해야 한다

이탈리아의 화가인 다빈치는 말했다.

"엄마의 마음이 엄마 자신은 물론 태아의 몸까지 지배한다는 점을 고려하면 엄마의 의지, 희망, 공포, 정신적인 고통이 태아에게 미치는 영향력은 매우 지대하다고 할 수 있다. 따라서 자녀 교육은 아이의 엄마가 변화하는 데서 시작한다."

이 글귀를 보고는 아빠들은 잠시 미소를 띠며, 좋아할지도 모른다. 본인이 임신을 하는 게 아니므로 본인보다는 임신 중인 엄마에게 책임 전가를 할 수 있는 근거가 생기는 것이니까. 하지만 명심해야 한다. 엄마를 화나게 하는 사람도 행복하게 하는 사람도 일차적으로는 아빠이다. 아내가 임신하면 남편은 최대한 아내를 보살피고 이해하며 지지하기 위해서 노력하고, 아내가 우울해할 때는 기분 전환을 위해서 노력하고 대화를 나눠야 한다. 만약 임신 중에 부부가 자주 싸운다면 분명 태아에게는 좋지 않다는 것을 꼭 명심하고 부모가 되기를 바란다. 부모 되기를 가볍게 여겨서는 그 인과응보를 아이를 키우면서 몽땅 돌려받을 것이다.

사람들은 흔히 훌륭한 사람의 아이는 부모처럼 위대하거나 적어도 비슷한 성공을 거두리라고 생각한다. 하지만 훌륭한 사람들은 자신의 모든 열정을 아이보다는 일에 더 쏟아붓는다. 또한 요즘은 많은 여성이 직장생활을 하므로 남의 손에 아이를 맡길 수밖에 없다. 하지만 고려해봐야 한다. 엄마의 교육이 얼마나 중요한가? 역사적으로 위대했던 인물을 봐도 그 뒤에는 헌신적으로 자녀교육을 한 위대한 어머니가 있었다.

자식을 키우는 내내 칼 비테의 아내의 활약은 대단했다. 임신 중에 본인이 먹는 것은 모두 아이에게 영향이 간다며 항상 먹거리에 주의했고, 본인이 좋아하는 음식일지라도 태아에게 좋지 않다고 판단되면 입에도 대지 않았다. 아기가 직접 먹는 건 아니지만 아내는 자신이 먹으면 아이도 같이 먹게 된다고 생각했다. 태아에게 전달되는 것은 음식뿐만이 아니다. 엄마의 생각, 감정 보고 듣는 모든 것은 태아에게 전달된다.

내 친구의 인상적인 이야기가 있다. 친구는 둘째를 가질지 말지 고민 중에 시어머님께서 아들 꿈을 꿨다고 하자, 그럼 그 꿈을 자기가 사겠다고 하고는 샀고, 그 후 바로 아이를 가졌다. 첫째가 딸이고 둘째는 아들일 거라며 아주 신이 나 있었다. 그런데 출산 전 아들이 아니라 딸인 사실을 알게 되고는 너무 실망해서 좋아하지만, 꼭 참아왔던 몸에 이롭지 않은 것들을 다 먹어버렸다고 한다. 그래서인지 정확하지는 않지만, 어쨌든 아이가 태어나서 아토피가 심해서 엄청 고생했다고 한다. 솔직히 친구이지만 아직도 아들, 딸을 따지는 정신세계를 이해 못 하겠고, 본인도 여자이면서 아들이라고 생각했을 때는 엄청난 태교를 하다가, 딸이라고 하자 그 반대의 행동을 했다는 것에 다소 실망한 것이 사실이다. 비단 먹는 것만의 문제가 아니다. 임산부가 우울해하면 아기의 발육이 더뎌지거나 이상이 생긴다고 한다. 엄연한 인격체인 배 속의 아기를 두고 그런 실망감과 마음가짐을 가졌다면 아이에게도 반드시 영향이 갈 것이다.

"민족의 운명은 어머니의 손에 달려 있다"는 말이 있다. 공감하지 않을 수 없는 참으로 맞는 말이다. 하지만 과연 이 말의 의미를 제대로 파악하고 있는 사람이 얼마나 될까? 엄마로서 자격이 부족한 사람이 아이를 키우면 교육을 망치게 되리라는 건 안 봐도 뻔한 일 아니겠는가. 엄마의 교육이 국가의 운명을 결정하는 만큼 엄마들이 이 영광스러운 책임을 성의껏 다하길 바란다. 물론 지금 우리 사회는 구조상 아이에게만 전념해서 키우기는 매우 힘들다는 건 잘 알고 있다. 하지만 조금만 더 자녀 교육에 부모가 관심을 두기를 바란다. 자녀에게 정성을 쏟지도 않고 노력도 하지 않으면서 훌륭한 아이가 되어서 부모를 기쁘게 해주기를 바라는 것은 너무 놀부 심보가 아니겠는가.

인간은 태어나면서부터 불안감을 가진다. 엄마의 따뜻한 사랑과 돌봄을 받으면 불안은 누그러지지만, 그러지 못하면 불안은 점점 더 커지게 되고 결국 무의식 세계에 저장된다. 무의식에 불안이 형성되어 있으면 불안을 일으키는 요인에 민감해지고 평생 무의식의 지배를 받고 살아야 한다. 그래서 어떤 상황에 부닥쳐지면 밝은 면보다는 자연스레 어두운 면에 초점을 맞추려고 한다. 인간관계에서도 당연히 영향을 미치게 되고 사회생활이 마음처럼 쉽게 되지 않는다. 이처럼 한 인간을 평생 좌우하는 것도 사랑과 돌봄이고, 부모의 자격으로 가장 중요한 것도 사랑이다.

내가 영어학원에서 초등학생을 가르치면서 많이 당황했던 경험이 있다.

학원에서는 집중력이 부족하고 자기주도 학습이 힘든 초등학교 저학년생들을 위해 수업에 재미를 가질 수 있도록 하기 위해 게임을 하고, 스티커를 주는 놀이가 있었다. 학생들에게 열심히 게임 방법을 설명하고, 알파벳을 많이 가진 최종 3명에게 스티커를 주겠다고 말을 하자마자 한 학생이 "뻥치시네!" 이러는 것이 아닌가. '헉…!' 나도 그때는 20대의 나이에 경험이 많지는 않을 때였기 때문에, 그런 경험이 처음이라 너무 놀라고 당황했다. 그렇지만 내색하지 않고 겉으로 태연한 척 웃으며, "그래? 우리 그럼, 선생님 말씀이 뻥인지 아닌지 어디 한번 해볼까? 해보고 뻥이 아니고 진실이면, 앞으로는 절대 그 말을 쓰지 않기로 하자. 약속할 수 있지?" 하고는 게임을 하고 뻥이 아님을 확인시켜줬고, 아이한테서 그런 말을 다시는 쓰지 않기로 다짐을 받아냈다. 나는 그날 수업 후 종일, 어떻게 초등학교 2학년 아이가 저런 말을 저렇게 리얼하게 쓸 수 있을까? 계속 생각이 떠나질 않았다. 분명 가까운 누군가로부터 보고 배운 것이 아니겠는가.

　세상에는 아이의 인격을 키워주는 전문적인 기관이 없는데 이유인즉 이것은 부모의 천직이기 때문이다. 부모는 아이와 가장 가까운 사람이자 최장 시간 함께 사는 사람이고 모방의 대상이다. 즉 따라서 부모는 아이가 선행을 실천하도록 솔선수범을 보여야 한다. 물론 지금은 시대가 다르고, 맞벌이 부모가 많아 짐에 따라 최장 시간을 함께 보내는 사람이 부모가 아닐 수도 있다는 점을 고려하긴 해야 한다. 어쨌든 부모든 선생이든 아이는 가장 가까운 곳에서 최장 시간을 함께 보내는 사람을 보고 따라 한다는 것은 분명하다. 또한 아이는 가장 사랑하는 사람을 닮고 싶어 한다.

　부모가 아이의 성격에 끌려다녀서도 안된다. 때때로 아이가 원하는 것을 얻기 위해서 울거나 떼쓰는 것을 볼 수 있는데, 그렇게 해서 원하는 것을 얻으면 아이는 앞으로도 무엇을 얻으려고 할 때 눈물과 떼쓰기를 무기삼아 이용한다. 그러다 좀 더 자라면 울고 불며 떼쓰는 것도 모자라 부모에게 버릇없이 굴며 원하는 것을 손에 넣는다.

아이와 부모의 관계는 장차 아이의 대인관계에도 영향을 미치기 때문에 중요하다. 아이가 부모를 존경하게 하려면 부모가 먼저 아이를 인격체로 대하고 존중하고, 아이가 어릴 때부터 타인을 존중하라고 가르쳐야 한다. 아이가 하는 대로 내버려 두는 것은 아이를 존중하는 것이 아니다. 아이가 좋은 품성을 갖게 하려면 부모가 말과 행동으로 모범을 보여야 한다.

아이를 교육하기 전에 부모는 무엇이 옳은지 그른지 확실히 구분하고 어떤 방식으로 아이의 잘못을 처리해야 하는지 알아야 한다. 물론 어린아이들은 실수로 물을 쏟고 물건을 망가뜨리고 사고를 치지만 이때는 혼을 낼 것이 아니라 조심히 행동하라고 따뜻한 말로 일러주는 것이면 충분하다. 하지만 실수가 아닌 주의를 끌거나 떼를 쓰기 위해서 일부러 소란을 피우는 것이라면 반드시 따끔하게 혼내고 벌을 줘야 한다. 그렇지 않으면 커서 사회생활에서도 매우 곤란해질 것이다.

말의 힘

　나는 친가와 외가 모두 경상도 지역에 있다. 내가 어릴 적 부모님께서는 가끔 시골 할머니 댁에 나를 보내곤 하셨다. 그 시절의 탓도 있겠지만 경상도 사람들이 잘 쓰는 말이 있다. 물론 드라마 대사에도 가끔 나오기도 한다. 바로 '지랄한다'이다. 언뜻 들으면 욕처럼 들릴 수도 있지만, 욕은 분명 아니라고 주장 하고 싶다. 시골 동네를 요기조기 뛰어다니면서 놀다 보면 이집 저집에서, "아이고 누구네 손녀구나" 하시면서 모든 집에서 먹을거리 하나씩은 쥐여 주시고 이뻐해 주셨다. 나는 할머니의 시골 동네에서 마치 남의 집 마당을 내 집인 것처럼 들락거리며 뛰어놀았다.

　그러다 내가 평소 못 들었던 '지랄하네'를 들은 것이다. 동네 할아버지께서 개가 마구 정신없이 날뛰는 걸 보고는 하신 말씀이었다. 그때 아마도 나에겐, 저런 상황이 '지랄한다.' 이라고 각인되었던 것 같다. 유치원생 때이니 당연히 그렇게 배울 만도 했다. 그러고는 며칠 뒤, 부모님께서 데리러 오셔서 집으로 돌아왔다. 어느 날 엄마가 찌개를 올려놓고는 다른 반찬을 만들고 계시는데, 찌개가 갑자기 끓기 시작하면서 뚜껑이 아주 전쟁을 치르듯 팔락팔락했다. 나는 그 장면을 보고 섬광처럼 '지랄한다'가 떠올랐다. 나는 "엄마! 찌개가 지랄을 해'라고 소리를 쳤다. 엄마는 화들짝 놀라며 불을 껐지만, 정작 놀란 건 찌개가 끓어 넘친 것이 아니라 바로 그 말이었을 것이다.

그렇다. 아이들은 스펀지처럼 보고 듣는 모든 것을 바로바로 흡수한다. 부모와 교사가 내뱉는 말 한마디가 얼마나 중요한지 실감할 수 있다. '말이 입힌 상처는 칼이 입힌 상처보다 깊다.'는 모로코 속담이 있다. 그처럼 아이가 듣는 말은 평생을 좌우할 수도 있다. 그러니 부모가 가정에서 아이들 앞에서 얼마나 말을 조심해야 할지는 마음에 새기고 또 새겨야 할 것이다.

아이들의 무의식 세계를 형성하는데 가족이 가장 큰 영향을 미친다. 또한, 어린 시절에 형성된 무의식은 평생 한 사람이 어떻게 살아갈지를 결정한다고 봐도 과언이 아니다. 생애 초기에 가족과의 관계에서 발생하는 콤플렉스는 사라지지 않고 무의식에 저장된다. 어머니와 아버지에 의해 형성된 콤플렉스는 개인적 무의식 영역에서 매우 지배적이다. 우리는 성인이 되어서도 어떤 말을 나도 모르게 내뱉고서는, 무의식적으로 나온 말이라고 자주 말하기도 한다. 그처럼 무의식은 인간이 의지로서 통제할 수 없는 부분이고 삶에 있어서 막대한 영향을 끼친다. 그러니 부모는 아이 앞에서 무의식적으로 나오는 말이 아이의 무의식을 형성한다는 것을 인지하고 얼마나 무서운 것인지를 항상 염두에 두어야 한다. 아이의 무의식 형성에 부정적인 영향을 줄 수 있는 말은 하지 않도록 반드시 노력해야 한다.

　아이의 세계는 우리가 생각하는 것보다 고차원적이다. 다만 언어로 표현이 부족 할 뿐이다. 표현력에서 어른과 수준 차이가 난다고 해서 아이의 생각도 그러리라 판단하면 안된다. 우리 아이들은 때로는 부모보다 훌륭한 생각을 하고 있다는 것을 잊어서는 안 된다. 부모에게 배운 지식을 자신의 것으로 소화한 뒤 그것을 실천하고 일상을 녹여내는 것이다. 그렇게 스스로 움직여 무언가를 배우고 생각하고 실천하는 아이의 언어는 그렇지 않은 아이의 언어와 아주 미세하지만 분명한 차이가 있다. 때로는 위대한 지식보다 사소한 표현 하나가 아이의 인생을 바꾸기도 한다. 부모가 아이에게 입버릇처럼 쓰는 말 한마디, 작은 표현 하나만 바꿔도 아이의 일상이 통째로 바뀔 수 있다는 것을 명심하자.

　말의 힘이 위대한 것은 비단 아이들에게만 해당하는 것이 아님을 누구나 알고 있을 것이다. 언젠가 나는 영어 아나운서 일을 하면서 아주 인상적인 여자 교수님 한 분을 뵈었다. 나를 비롯한 그곳에 있었던 대부분의 사람이 이구동성으로 그 교수님을 칭찬했는데, 보통의 우리가 생각하는 교수님의 이미지와는 아주 달랐다. 물론 이미지라는 것은 편견이지만 말이다.

　행사에 참여한 모든 인력들에 높임말을 써주고, 일을 시킬 때도 지시가 아니라 부드러운 말투로 부탁을 하셨다. 나는 매우 인상이 깊었고 마음 한곳에 울림이 있었다. 어쩜 저렇게 타인에게 차분한 말투로, 상대방이 어떤 부탁을 해도 안 들어줄 수 없게끔, 저렇게 타인을 존중할 수 있을까? 하는 생각이 들었다. 행사장에서 일의 지시를 받는 상대는 힘든 일을 시킨다며 좀 짜증 섞인 말투로 얘기하는데도, 교수님은 한번을 인상 쓰지도 않았고,

날카로운 어조도 쓰지 않고 차분하고 겸손하게 설명하시고, 정중히 부탁하셨다. 날카로운 초승달 같은 그런 태도로 상대에게 반응하는데, 어느 누가 끝까지 인내할 수 있겠는가. 결코 쉽지 않다. 그분의 성품은 정말 조용하면서도 따뜻한 카리스마가 아닌가 싶었다. 나는 그날 일이 좀 힘들었지만, 마음만은 따뜻하게 집으로 돌아왔다. 나도 저런 성품을 기르도록 노력해야겠다고 다짐하면서 그리고 동시에 '아마 그 교수님의 수업을 듣는 학생들은 수업 때마다 행복할 거야'라고 생각하면서.

주입식 교육을 하지 않는다

아이에게 주입식 교육을 하는 것은 나무의 잎사귀에만 물을 주는 것과 마찬가지이다. 결국 나무를 고사시키고 만다. 주입식 교육환경에서는 아이가 추상적인 공식만 대량으로 받아들이게 되어서 스스로 생각하는 힘, 창의력과 상상력을 발휘하지 못하게 되는 것이다. 이제는 더 이상 지식만으로는 살아갈 수 없다. 물론 한국의 교육 현실이 주입식 교육이라는 것은 누구나 다 알고 있는 사실이다. 한국에서 교육을 받는 한 어쩔 도리가 없다는 것도 잘 안다. 하지만, 학생들을 가르쳐 본 나로서는 중학교 가기 전까지 만이라도 독서를 하고 사고력을 키우고 음악 미술 등 다양하게 경험을 해 보는 것이 좋을 것 같다는 생각이 든다. 물론 제발 선행 학습의 의미가 아닌 창의력과 상상력을 기르고 호기심을 키워주는 학습으로써 말이다.

코로나로 인해서 학생들이 온라인수업으로 공부를 하고 있다. 주변 학부모님들의 힘든 점이 하나같이 자녀의 자기주도 학습이었다. 온라인으로 수업하다 보니 모든 것이 자유로워지고, 학생들은 출석 체크만 하고는 온갖 다른 것들을 하고 있다는 것이다. 화면 아래로 학습 창은 내려놓고 개인 방송을 보거나 게임을 하고 심지어는 의자에 편안히 기대에 자고 있다는 것이다.

그런데 여기서 큰 문제는 평소에 성적이 좋고, 모범생이었던 학생들 일부도 이런 행동을 하고 있다는 것이다. 그러니 모범생 학생 부모는 정말 속이 타들어 가고 당황스럽지 않을 수 없다. 모범생도 자기주도 학습이 안 된다는 것을 보여주고 있다. 어릴 때부터 스펙을 쌓기 위해 거의 모든 공부를 부모 주도하에 하고 있었다. 부모가 학원을 정해주고 시간표도 짜주고 봉사활동도 챙겨서 같이한다. 즉, 학생이 스스로 결정해서 한 공부는 거의 없었다. 이렇게 주입식 공부는 자기주도 학습을 불가능하게 만들고, 자유가 주어지고 스스로 무언가를 해야 할 때는 아무것도 할 수 없게 된다. 학생 본인도 자기주도 학습이 불가능하다는 것을 깨닫고는 당황하기는 마찬가지이다.

그리고 한 조사에 따르면 상위권 대학 합격생 중에서 자기주도 학습을 했던 학생들이 많았다는 것을 알 수 있었다. 부모가 자녀의 공부를 대신해서 한 후 자녀에게 주입식으로 가르치는 것을 언제까지 할 수 있겠는가. 이제는 자녀가 무엇이든지 스스로 할 수 있게 해주어야 한다. 부모의 앞날이 아닌 자녀의 앞날을 위해서 말이다.

나는 직장 생활과 프리랜서 생활을 하면서 느낀 점 중에서 가장 심각하게 생각했던 것이, 주입식 교육을 받은 많은 사람이 회사 생활에서도 주도적인 업무 적응과 실행을 힘들어한다는 것을 알았다. 학생 때부터 주입식 교육에 익숙해져 있고, 스스로 생각하는 힘이 없다 보니, 회사에 입사해서 윗사람이 업무 지시를 내리면 도무지 갈피를 못 잡고 쩔쩔매는 후배들을 많이 봤다. 물론 처음엔 누구나 다 그런 비슷한 상황에서 시작해서 점차 적응하고 배워 나간다고들 하지만, 한평생을 주입식 교육을 받은 그들은 자신도 업무 처리하기를 너무 힘들어했다.

그리고 특히 공기업들 직원들이, 물론 다 그렇다는 것은 아니지만, 업무 수행에 있어서 형식적인 것을 너무 따지는 것을 보고는 나는 좀 많이 놀랐던 기억이 있다. 정말 중요한 내용을 점검하는 게 아니라 문서 형식의 행과 열의 크기, 글자 크기 이런 것들이 어떻게 더 중요할 수 있단 말인가. 정말 충격이었다. 물론 그것이 몇 년 전 일이긴 하지만, 몇 년 전이라고 해도 최첨단의 시대에 그런 것들이 도대체 왜 중요한 것인지 진심으로 묻고 싶었다. '설마'라고 말하는 사람이 있을 수도 있겠지만, 정말 그랬다. 그런 것을 보고 듣는 나 자신도 내가 지금 보고 듣고 있는 말이 진정 실화란 말인가? 할 정도였다.

어릴 때 교육하지 않으면 늦는다

　어른에게만 책임감이 필요할까? 많은 부모는 아이가 어리다는 이유로 아이에게 책임감을 가르치지 않는다. 하지만 아이들이 좀 더 크면 부모의 말을 끝까지 관철하기가 더 어려워진다. 결국은 아이에게 져줘야만 한다. 뒤늦게 후회해도 소용이 없다. 책임감과 가치관이 없는 아이는 사회 속에서 자신의 의미를 찾지 못하고 방황하다가 창조의 원동력을 잃고 결국 물질세계에 휩쓸리고 만다. 세상속에서 흔들림 없이 자기 스스로 중심을 잡고 살아나갈 수 있도록 어릴 때 부모가 밑거름을 만들어 주어야 한다.

　아이를 교육할 때는 처음부터 끝까지 아이가 자신의 의미와 타인에 대한 선한 영향력을 인식하게 해서 자신의 소속과 가치를 깨닫고 책임감과 자긍심을 갖게 해야 한다. 나이가 들면서 책임감과 자긍심의 범위는 더 넓어지는데, 가정에서 미리 배우지 않으면 사회와 인류에 대한 사명감과 책임감을 느끼기는 힘들다.

　아이의 책임감을 키워주기 위해서 아이에게 의식적으로 간단한 청소나 집안일을 시키는 것이 좋다. 다만 이 경우에 아이를 동등한 인격체로 대하고 교류하고 아이의 말을 경청하고 대화를 나누어야 한다.

　부모는 아이에게 해도 되는 것과 안 되는 것을 일관되게 가르치며 좋은 습관을 지닐 수 있도록 교육해야 한다. 하지만 주변의 많은 부모는 아이들이 무엇을 따라야 할지 헷갈리게 수시로 말을 바꾸는데, 이런 일이 자주 발생하면 부모는 위신을 잃고 아이들에게 진지하지 못하다는 인상을 남기게 된다. 부모의 말과 행동이 항상 일치하고, 일관되어야 하며 상과 벌을 분명하게 구분해야 아이를 잘 교육할 수 있다. 부모도 사람이다 보니 매번 아이에게 일관되게 하기는 힘들 것이다. 때로는 이렇게 행동했다가, 때로는 귀찮고 피곤해서 저렇게 행동하기도 한다. 부모는 별 생각 없이 본인 편한 대로 하는 것이겠지만, 아이에게는 큰 혼란을 줄 수 있다.

　부모 역할이 이렇게 만만치 않은 것이다. 따라서 아이들에게 책임감을 가르치려면 부모 스스로 남을 속이거나 위협하지 말고 스스로와의 약속을 지키고 아이와의 약속도 잘 지켜야 한다. 아이를 어른과 동등한 인격체로 대해야 한다는 것을 명심해야 한다. 아이들은 어른들이 생각하는 것보다 훨씬 더 성숙한 인격을 갖추고 있다. 다만 어른들만큼 말로 표현하는 데 능숙하지 않을 뿐이다.

용기와 독립심

용기는 사람을 적극적이고 진취적으로 만드는 원동력이다. 재능과 학식이 넘쳐도 용기가 부족하면 그것들을 제대로 발휘하기 힘들다. 부모가 아이를 사랑하고 아끼는 것은 당연하지만 그렇다고 아이가 다칠까 봐 온실의 화초처럼 과하게 보호하는 것은 어리석은 짓이다. 아이의 안전에만 관심을 두고 용기를 키워주지 않으면 아이는 자라서 독립적인 삶을 살 수 없다. 작은 충격에도 금세 무너져 내린다. 어떤 부모는 아이들의 능력에 대한 이해가 부족해서, 아이에게 새로운 사물과 환경을 탐험하고 신체를 단련할 기회를 주지 않는데 사실 아이에게는 이런 능력이 충분히 있다.

과보호를 받고 자란 아이들의 특징 중 하나가 용기가 부족한 것인데 이것은 아이의 발전에 전혀 도움이 안 된다. 아이의 몸에 난 상처는 가만히 둬도 저절로 아물지만, 상처 입은 자신감과 부족한 용기는 노력해서 치유

하지 않으면 어떤 식으로도 채워지지 않는다. 수많은 사례가 증명하듯이 과보호는 의존성만 키워서 아이가 자신감과 용기를 잃고 열등감에 시달리게 만든다. 또한 장시간 이런 환경에 노출되면 아이가 심리적으로 균형을 잃고 결국에는 부모에게 반항하게 된다.

내가 학생들 수업을 할 때 종종 이렇게 말씀하시는 부모들이 있다. "선생님! 저는 우리 아이를 금이야 옥이야 사랑으로만 매 한번 안 들고 키웠어요. 그런데 아이가 왜 저렇게 거칠게 반항하는지 도무지 이해를 못 하겠어요." 나는 겉으로는 웃기만 할 뿐이지만 속으로 이렇게 대답한다. '어머님! 금과 옥을 너무 과하게 주셔서 그런 겁니다…'

칼 비테는 아이를 지도하면서 아이가 할 수 있는 일이면 대신해주지 않는 원칙을 고수했다. 이유인즉슨 부모가 아이의 일을 도맡아 하는 것은 아이의 능력과 용기를 의심하는 것이나 마찬가지이기 때문이다. 이것은 아이가 능력을 단련할 기회를 빼앗는 것과 동시에 아이의 적극성에 공격을 가하는 것이다.

어느 부인은 남편을 먼저 하늘로 떠나보낸 뒤에 더욱더 아들을 '금이야 옥이야' 하며 키웠다. 그녀는 아들이 다섯 살이나 되었는데도 밥을 먹여주고 옷을 입혀줬다. 또래 아이들이 이 정도 일은 거뜬히 하는 것에 비해 그녀의 아들은 혼자 아무것도 하지 못했다. 옆에서 지켜보다 못해 어떤 사람이 아들이 그만큼 컸으면 혼자 하게 두라고 조언했지만, 그녀는 여전히 "아들은 나에게 전부예요. 아들을 위해서라면 난 뭐든지 희생할 수 있어요."라고 말하며 자기 고집을 꺾지 않았다. 그녀는 이 같은 사랑이 아들을 더욱 불행하고 무능하게 만든다는 것도 모른 채 자식을 위해서 뭐든지 희생하는 자신을 좋은 엄마라고 생각했다.

하지만 사실상 그녀의 사랑은 아들이 건강하게 성장하고 독립심을 갖는 데 전혀 도움이 안 되었다. 아들은 공부를 열심히 하기는커녕 집안일에 손도 까딱 안 한 채 오로지 놀기만 했고, 엄마가 돌봐주지 않으면 의기소침해져 아무것도 하지 못했다. 결과적으로 그녀는 아들의 성장과 발전의 필요성을 무시하고 아들을 이기적으로 사랑했다고 할 수 있다. 그녀는 아들이 다 큰 뒤에도 모든 일을 대신 처리해줬다. 아들은 자신이 할 수 있는 것이 아무것도 없게 되자 스스로 무능함을 느끼고 아이들과 잘 어울리지 않았다. 아들은 이렇게 준비가 전혀 안 된 상태에서 빈손으로 사회에 나왔다.

　누차 말하지만, 부모가 아이의 일을 대신에 해주는 것은 자신이 아이보다 강하고 유능하며 경험이 많은 것을 과시하는 것이나 마찬가지이다. 모든 것을 부모에게 의지하면서 자란 아이는 체격이 건장하더라도 겁이 많은 데다 용기가 없고 독립심도 없어서 밝은 미래를 맞이할 수 없다.

　아이의 독립심은 민족과 국가의 발전에 중요한 의미가 있다. 예로부터 도이치 민족은 아이의 독립심을 중시하는 전통이 있었는데 귀족은 아이를 다른 귀족의 성에 보내 진정한 기사가 되는 법을 가르쳤다. 아이가 집을 떠나 혼자 생활하면 기사로서 갖춰야 할 소양과 지식을 배울 수 있을 거로 생각했기 때문이다. 그 당시 부모들은 미성년자이지만 도전과 고생을 통해서 독립심을 키우는 것이 지식을 쌓는 것보다 더 중요하다고 생각해서 많은 가정이 이 전통을 계승했다.

　아이는 공포심과 무력감이 들 때 본능적으로 부모를 찾는다. 부모의 사랑은 아이에게 따뜻함과 힘을 준다. 하지만 이런 편안함이 과하면 아이를 부모에게 의존하게 만들어 감정적으로 독립하지 못하게 하고 정서적으로 다른 사람의 영향을 받게 만든다. 부모에게 의존하는 아이는 자아의식이 없어서 심리적으로 만족감을 느낄 수 없다. 이런 아이들은 생각하고 가치를 추구하고 행동하는 것까지도 부모나 다른 권위적인 방식을 따른다. 이렇게 독립적이지 못하면 현대사회에서 필요한 자기주도 학습, 사고력, 창의력은 꿈도 꾸지 못하는 것이다.

진실로 독립심이 뛰어난 사람은 강한 자아의식과 주관과 자제력이 있고, 목적을 달성하려면 어떻게 해야 하는지 잘 안다.

의존성은 잠복해 있는 병과 같다. 따라서 자녀에게 의존성을 키운 부모는 독립심을 키워야 한다는 걸 알면서도 아이를 잃을까 봐 두려운 나머지 자신이 설계하고 배치한 상황에서 아이를 살게 한 건 아닌지 스스로 반성해야 한다. 아이의 일을 부모가 도맡아 결정하면 아이는 능력을 실천하고 단련할 기회를 잃어 뭐든지 부모에게 의지하게 된다. 결국, 이렇게 하는 것은 아이를 망치는 것이다. 이런 환경에서 자란 아이는 독립의식이 없어서 사회에 나가면 방금 젖을 뗀 아이처럼 적응하지 못하고 도움의 손길만 애타게 기다린다. 하지만 가정의 울타리 밖에서 부모처럼 자신을 보살펴줄 수 있는 사람을 찾는다는 게 가능한 일인가?

심리적 수용력을 단련시킨다

인류의 발전사를 보면 순탄한 환경보다 역경 속에서 더 많은 인재가 배출되는 것을 알 수 있다. 그도 그럴 것이 역경과 좌절은 사람의 의지를 더 강인하게 만드는데, 강인한 의지로 역경을 이겨낸 사람은 실패의 교훈과 성공의 경험을 바탕으로 더 많은 생명력과 경쟁력을 가지기 때문이다. 따라서 아이가 용감하게 좌절을 대하게 하려면 어릴 때부터 심리적 수용력을 단련시켜야 한다. 좌절감은 어려움이나 실패를 경험할 때 또는 필요한 부분이 만족하지 않을 때 생기는 심리적인 감정으로, 사람에 따라서 좌절감의 의미가 모두 다르다. 사람은 살면서 누구나 한 번쯤 어려움과 좌절을 겪기때문에 반드시 그에 대한 대비가 필요하다.

아이가 강인한 성격을 갖게 하기 위해서 실패를 인정하고 이에 따른 결과를 모두 감내한 뒤에 다시 실패에 도전하라고 가르쳐야 한다. 실패를 두려워하고 결과를 회피하는 행동은 나쁜 아이들이나 하는 것이다. 이런 아이들은 포도를 못 먹으면 그 포도가 시다고 말하며 내면의 두려움과 남을 기만하려는 생각을 감추고, 자신이 하기 싫은 일을 깎아내리며, 부지런히 일하는 사람들을 어리석다고 놀리며 공격한다. 또한 종종 자신의 실패를 자신만의 개성이라고 주장하는데 이것은 거짓된 자부심으로 자신을 위로 하는 것에 지나지 않는다.

성공으로 향하는 길에는 늘 수많은 실패가 도사리고 있는데 이를 극복 하기 위해서는 자신의 능력을 다해야 한다. 어느 경우에서도 극단적인 길을 걸어서는 안 된다. 극단적인 길을 걷기를 좋아하는 아이는 부모와 교사의 기대에 못 미칠까 봐 두렵거나 자신이 초래한 실패를 피하기 위해서 그런 행동을 한다. 아이들이 실패를 은폐할 때 가장 흔히 쓰는 방법은 싸움하거나, 좀 더 컸을 때 술이나 담배에 손을 대는 것이다. 이것은 아이가 다른 사람들의 시선을 심하게 의식한다는 뜻으로 결코 우연히 일어난 것이 아니다.

어릴 때부터 아이에게 자신감과 강인함과 용기를 키워주고 아이를 믿고 격려하며 자주 교류하면 일련의 나쁜 행동들을 막을 수 있다. 사람은 언제나 자신을 속일 수도 있고 남을 속일 수도 있다. 그것은 어른도 아이도 마찬가지다. 모든 것은 현실에 기반을 둬야 성과를 낼 수 있다. 사람들은 어려운 상황을 누구나 회피하고 싶어 한다. 그러나 이 상황을 벗어나려고 하면, 힘들더라도 반드시 현실을 마주해야 한다.

부모는 아이가 잔혹한 현실의 영향을 받지 않게 이상적인 환경에서 보호하고 싶어 한다. 하지만 이렇게 하면 아이는 현실의 문제를 처리하는 능력을 배우지 못하고 자꾸만 현실에서 도피하고 싶은 심리에 시달리게 된다. 부모가 무의식중에 자녀에게 이런 부정적인 영향을 미치는 것도 죄를 짓는 것이나 다름없다. 부모가 무의식중에 한 부정적 행동은 자녀의 무의식에 그대로 형성되어 평생을 따라다니며 괴롭힌다.

　내가 개인지도 했던 학생 한 명이 수학 경시대회에 나갔던 적이 있었다. 평소 같았으면 좋은 성적을 거뒀을 학생인데, 너무 긴장하고 부담감이 컸었는지 생각보다 많이 못 하고 돌아왔다. 학생 어머님은 딸이 속상할 것을 짐작하고 좋은 마음으로 위로해 주고 싶어서, 딸아이에게 나가서 친구도 만나고 평소 좋아하는 것들을 하고 오라고 했다. 하지만 학생은 그날만큼은 집에서 혼자 있고 싶어 했다. 그러나 엄마는 계속해서 혼자 우울해하지 말고 나가서 기분을 풀고 오라고 했다. 학생과 엄마 사이의 실랑이가 한참 이어졌다. 이런 경우 아이들은 딜레마에 빠지게 된다. 분명 자신은 괜찮다고 했는데도 엄마는 자꾸 아니라고 하면서 엄마의 주장을 내세우면, 자기 감정에 대한 확신이 없어진다. 그렇다고 나를 위해주는 엄마에게 화를 낼 수도 없다. 이런 상황이 반복되면 아이들은 불만이 생기고 화가 나도 말을 제대로 할 수 없게 된다.

　아이들이 감정을 제대로 해소하지 못하고 살면 정서적으로 불안정해져서 반항하거나 아니면 지나치게 순종하는 정체성 없는 사람이 된다. 결국, 그런 감정이 무의식의 세계에 쌓이게 되고 성인이 되어서 인간관계에서 그리고 사회생활에서 힘들어지는 것이다. 또한, 아이를 내 마음대로 판단하고 조정하려고 하지 말아야 한다. 유아기부터 청소년기를 거쳐 성인이 될 때까지 일관되게 동등한 한 인격체로 대하고 존중해야 한다. 그렇지 않으면 평생을 어른 아이로 살아가게 된다.

　부모의 경우뿐만 아니라 우리 대부분은 상대를 위한다면서 과하게 선의를 베푸는 경향이 있다. 그러나 그것이 과연 상대를 위하고 편안하게 해주는 것인지, 아니면 그렇게 무언가를 베풀어주고 배려해줬다는 생각으로 내가 안도감을 얻고, 만족하기 위해서 인지 깊게 생각해 봐야 한다.

경청의 기술

사람들과 교류하지 않으면 공부를 많이 한 똑똑한 아이든 재능을 타고 난 신동이든 자신의 잠재력을 발휘하지 못하고 위대한 일을 할 수 없다. 아이가 우정, 협동심, 명랑함, 도덕, 예의, 자존심, 책임감 등을 갖추고 사람들과 어울리며 더 많은 친구를 사귀게 해야 한다.

좋은 대인관계는 성장 후에도 순풍에 돛을 단 듯 많은 길을 열어준다. 하지만 대인관계가 나쁘면 가는 곳마다 역경에 부딪히게 돼 결코 성공할 수 없다. 즉 타인과 좋은 관계를 유지하는 사람은 삶이 즐겁고 그렇지 못한 사람은 평생 외롭고 불행하다. 그런데, 우리 사회에서 이렇게 중요한 대인관계를 따로 교육해 주는 곳은 어디에도 없다. 학교 교과 과정도, 학원도 없는 것이 현실이다. 그러니 가정에서 어릴 때부터 배우지 않는다면 평생을 힘들게 살아가야 할지도 모른다. 거듭 말하지만 이렇게 가정에서만 배울 수 있는 중요한 것들이 있다는 것은 부모의 역할이 얼마나 중요한지 보여주는 것이다.

63

내가 가르쳤던 학생들도 대부분이 공통으로 학교에서 친구 관계로 인해 힘든 점을 나에게 종종 상담하곤 했는데, 초, 중, 고등학교 어느 학년도 예외가 아니었다. 성적은 성적대로 스트레스이고, 친구 관계도 큰 스트레스이고, 우리 아이들은 학교 다니면서 과연 행복이란 것을 느낀 적이 있긴 할까? 문제는 학생들이 이런 대인관계에서의 힘든 점을 부모님께 논의하면, 대부분의 부모는 쓸데없는데 신경 쓰지 말고 공부나 하라고 한다. 이러니 아이들은 점점 더 부모에게 대화의 창을 닫아 버리는 것인데, 왜 부모들은 귀중한 자기 자식의 얘기를 들으려 하지 않을까?

보통의 우리 가정을 들여다보면, 대화가 부족하고 같이 식사를 하는 경우도 거의 없고 힘든 일이 있어도 두렵거나 어색해서 좀처럼 말을 잘 하지 않는다. 물론 그 반대의 가정도 있긴 하겠지만, 보통은 그렇다. 가장 의지할 곳이 가정인데 그 속에서 교감이 이루어지지 않는다면 결국 힘들 때 가정이 아닌 외부에서 답을 찾거나 의지할 것이다. 기쁨도 슬픔도 가족과의 교감이 가장 중요하다. 가정에서 어릴 때부터 부모와 아이가 대화를 자주 하고 서로의 대화를 경청하는 습관을 만들어 줄 필요가 있다. 남의 얘기를 잘 들어주는 것도 습관이 되어 있지 않은 사람에게는 힘든 일이 될 수 있다. 부모의 입장에서 본인이 그렇게 자랐기에 똑같이 자녀에게 하고 있지는 않은 지 되돌아볼 일이다. 아이를 바꾸고 싶으면 부모는 본인부터 바뀌어야 한다.

아이의 경우뿐만 아니라 성인이 되어서도 경청의 기술은 살아가는 데 매우 중요하다. 경청만으로 상대의 마음의 병을 고쳐줄 수도 있다. 미국으로 건너간 한국인 정신과 의사에 관한 이야기다. 그녀는 영어를 못하는 것은 아니었지만 자신감이 없어서 말하기를 꺼렸다. 그러던 어느 날 갑자기 그녀는 유명한 정신과 의사가 되어있었고 손님들이 줄을 이어 찾아왔다. 알고 보니, 그녀는 영어에 자신이 없다 보니 상담자의 말을 들으면서 구체적인 조언을 해주기보다는 주로 한 말이 Oh, Okay, Yes, Really! 이것이 거의 다였다고 한다. 그런데 그것이 상담자가 느끼기에는 다른 의사들과는 달리 본인의 말에 아주 귀 기울여 주고, 공감해주는 것으로 느껴진 것이었다. 그것만으로 유명해질 수 있다는 게 믿기는지 모르겠지만 이것은 사실이다. 그렇다. 우리는 누군가에게 하소연할 때 어떤 구체적인 답을 원하는 것이 아니다. 그냥 내 얘기를 집중해서 진심으로 들어주는 사람이면 충분한 것이다. 그러고 보면 잘 들어주는 것도 쉬운 일은 아님이 분명해 보인다. 경청의 힘은 실로 위대하다.

아이에게 사랑을

갤러리에서 윌리엄 퀼러 오처드슨의 〈아기 도련님〉이라는 작품을 본 적이 있다. 그냥 지나치려 했는데 언뜻 봐도 그림 전체에서 사랑의 후광이 비치고 있었다. 보는 내 마음에도 사랑이 샘솟는 것만 같았다. 지나치던 발걸음을 멈추고 들여다보지 않을 수 없었다. 그림 속 아기는 천사 같은 얼굴로 훈훈한 빛을 내뿜고 있다. 손짓, 발짓뿐 아니라 주변까지 온통 훈훈해 보인다. 그 모든 것을 훈훈하게 보이게 만드는 것은 바로 엄마의 따뜻한 눈빛이다. 아이는 우리가 생각한 것보다 훨씬 눈치가 빠르다. 태어난 후 엄마를 인지할 나이가 되면 벌써 소위 눈치라는 것이 생긴다. 아기는 '엄마의 존재는 늘 사랑이야'라고 생각하고 있다가 어느 날 엄마의 따뜻한 눈빛이 보이지 않으면 불안해하면서 엄마가 화가 난 것을 인지하고 그때 부터 눈치라는 것이 생기기 시작한다.

우리 아이들은 엄마의 따뜻한 눈빛, 아빠의 든든한 품 없이는 세상에 홀로 나가서 자립하기 힘들다. 앞서 제시했던 자녀교육 방법들도 중요하지만, 그 이전에 가장 중요한 것이 '사랑'이다. 엄마가 온화한 미소로 아이에게 공감해주지 않으면 아이는 분노가 많은 사람으로 성장할 수밖에 없고, 아이가 부모의 품을 거절당하면 아이는 그렇게 되지 않기 위해 애를 쓰다가 스스로 자멸하는 사람으로 성장하기 쉽다.

성숙하지 못한 부모들은 아이들을 통해 심리적 착취를 한다. 즉, 부모가 아이를 통해 자신의 감정적 욕구를 충족하려 하는 것이다. 부모의 사랑을 잃고 싶지 않은 아이들은 부모의 눈치를 보면서 부모를 위해서 살아가게 된다. 부모의 기분을 맞춰주는 정서적 위로자이자 감정의 노예이다. 부모의 기분이 수시로 바뀌면 아이는 마음에 안정을 찾기 어렵고 늘 불안하다. 동시에 아이는 눈치가 매우 발달한다. 부모가 원하는 대로 행동을 해야 혼이 나지 않고 버려지지 않기 때문이다.

이런 과정을 통한 불안이 무의식에 형성되면 이들은 성인이 되어서도 타인의 기분을 맞춰야 할 것 같은 마음으로 살게 된다. 자신의 감정보다는 늘 타인의 감정을 눈치 보고, 외로움을 많이 느끼기 때문에 사람들이 자기 곁을 떠나지 못하도록 온갖 방법을 써서 붙잡아 두려고 한다. 자신의 정체성 없이 힘겹게 살 수밖에 없는 것은 당연한 것 아닌가.

우리 각자의 어린 시절로 돌아가, 기억 속의 엄마, 아빠를 불러내어 보자. 과연 우리가 기억하는 엄마, 아빠는 어떤 모습일까? 한 번쯤 각자의 내면 깊은 곳의 엄마, 아빠를 불러내어 우리의 상처를 되돌아보자. 상처를 직면하고 인정하는 사람들은 자신의 문제를 알게 되고 이를 해결해 나갈 수 있다. 그러면 분명 내 아이에게는 그런 엄마, 아빠가 되고 싶지 않다는 생각이 들 것이다. 우리 아이들에게 충분한 사랑을 주자. 그 아이들이 부모가 되어서 그 사랑을 고스란히 물려줄 수 있도록.

부모로 인해 형성된 무의식이라고 해서 부모 탓을 하고 억울해할 것도 아니다. 다만 그것을 인식하고 조금이라도 고쳐서 나은 삶을 살고자 하는 것이다. 부모도 부모가 처음이었으니 어쩔 도리가 없었을 것이다. 하지만 지금부터라도 우리의 무의식을 정화하고, 또 우리의 아이들에게는 긍정의 무의식을 형성해 주어서 더 나은 삶을 살 수 있도록 도와주자.

아이의 상상력을 키워주자

　미래를 대비하기 위해 필요한 것은 더 이상 논리와 지식이 아니다. 창조력이 필요하다. 우리는 누구나 어릴 때를 되돌아보면 엉뚱하기 그지없다. 그 엉뚱함이 창조력을 위한 밑거름이었다. 그러나 안타깝게도 그 엉뚱함을 키워주는 부모는 절대 많지 않아 보인다. 아이들이 부모에게 엉뚱한 질문을 하면 대부분의 부모는 그런 건 몰라도 된다고 하거나 아니면 무시하면서 그 질문에 제대로 대응을 해주지 않는다. 그때부터 우리 아이들의 창조력은 서서히 파괴되어 가는 것이다.

　어른들은 왜 그럴까? 본인의 어린 시절을 생각해 보면 어릴 때는 당연히 그런 엉뚱한 질문을 하는 것이 당연한 일인데도 귀찮다는 듯이 짜증을 내며 대응한다. 아이의 처지에서 생각을 해보라. 호기심에 질문했더니 부모는 짜증을 낸다. 그러면 아이는 상처를 받고 다음부터는 그 질문은 절대

하지 않을 것이며, 그것이 쌓여간다면 아이의 사고력은 확장될 수 없게 된다. 우리의 아이들은 상상 이상으로 눈치가 빠르다. 가장 사랑하는 부모가 부정적으로 반응하는데, 어느 아이가 그것을 계속하겠는가. 또한, 아이는 눈치에 상상력을 더해서 부모가 좋아할 일을 스스로 창조해서 하게 되는데, 문제는 그런 행동이 아이를 망칠 수도 있다는 것이다.

　내가 6살쯤이었을 때이다. 부모님과 차를 타고 가는 도중에 내 눈에 "따"하고 들어온 게 있었다. 빌딩마다 있는 옥내소화전 연결 송수구인데, 6살 내 눈에는 좀 크기는 하지만 떡 뽑는 기계가 도대체 왜 건물마다 있는 건지 도무지 알 수 없었고 엄청난 의문을 불러일으켰다. 떡 뽑는 기계는 방앗간에 있어야 말이 되는 게 아닌가! 그런데 이게 도대체 무슨 일인가? 나에겐 정말이지 엄청난 충격이었다. 내가 지금 생각해도 너무 웃기고 다들 웃을지도 모르겠지만, 그 당시 나는 매우 심각했다. 내가 이 책에서 나의 부끄러움을 너무 드러내는 거 아닌가 싶지만, 나는 IQ가 좋은 것은 아니지만 그리 낮은 편은 아니기에 당당하게 어린 시절의 엉뚱함을 곳곳에서 드러낸다. 나의 그 엄청난 충격을 엄마한테 얘기했고, 엄마는 그것의 용도를 자세히 설명해주셨다. 이렇듯 나는 어린 시절 유난히 엉뚱했다. 물론 나는 스스로는 그 엉뚱함을 당당하게 상상력이라고 주장한다.

　나는 유치원 때부터 시작해서 중학교 때까지 미대를 목표로 그림을 그렸었다. 중학교 때는 예술고등학교를 가는 것이 목표였다. 그러다 중학교 때 미술을 그만두기는 했지만, 지금도 취미로 그림을 그리곤 한다. 초등학교 때 줄곧 학교 대표로 대회를 나가서 상을 받았었다. 지금 생각해보니 그 무궁무진한 상상력이 그림 그리기로 이어져서 상을 많이 받았던 것 같다. 나의 부모님은 나에게 조기교육을 전혀 시키지 않으셨다. 물론 시절의 탓도 있었겠지만, 공부를 억지로 강요하지는 않으셨다. 나의 그 모든 엉뚱함을 다 받아주셨고 내가 하고 싶은 것만 하게 하셨다. 나는 고백하자면 초등학교 입학할 때 한글도 띄엄띄엄 알고 들어갔다.

어릴 때 그림 그린 것이 성인이 되어서도 도움이 되었다. 나는 비즈니스를 할 때 항상 전체 과정을 그림으로 떠 올리며 디테일을 채워나갔다. 즉, 브레인스토밍을 그림 그리듯이 하는 것이다. 프레젠테이션을 준비할 때도 항상 실전을 그림 그리듯이 상상하면서 준비했다. 개인적으로는 그것이 많은 도움이 되었다. 그리고 나는 중학교 때부터 영어단어를 외울 때 눈으로만 외웠다. 단어를 그림을 보듯이 각인시킨 것이었다. 이렇게 해서 중학교 입학 때 알파벳만 알고 들어간 나는 엄청난 양의 영어단어를 외울 수 있었다. 사실 단어를 외울 때는 모든 감각을 다 써서 외워야 잘 외워진다. 즉, 눈으로 보고, 귀로 듣고, 입으로 말하고, 손으로 쓰면서 외울 때 가장 잘 외워지는 것이 사실이다. 학생들을 가르칠 때 손을 쓰지 않고 외우면 혼내기도 했다. "얘들아, 사실 샘은 눈으로만 단어를 외웠다…미안하고, 사랑한다…"

상상력과 창의력은 이제 미래를 살아남기 위한 필수 요소이다. 더이상 논리와 지식의 세계는 존재하기 힘들다. 부모는 아이들의 무궁무진한 상상력을 키워줘야만 한다. 어릴 때 경험하지 않은 것들은 성인이 되어서도 익숙하지 않고 자신감 있게 펼쳐 나갈 수 없다.

내가 학생들을 개인지도 하면서 겪은 일이다. 상담하러 갔더니 학생 어머님은 앞으로는 주입식 교육과 단순 지식 암기가 아니라 사고력과 창의력이 중요하다며, 무조건 책을 많이 읽어야 한다고 하셨다. 그러면서 영어수업을 영어로 진행하되 책을 읽고 책에 관해서 토론을 하는 수업으로 진행하면 좋겠다고 하셨다. 나는 아이가 초등학생이지만 영어유치원을 나와서 영어도 잘하고 또 유학을 준비하고 있으니 그에 맞는 수업 방식으로 진행하겠다고 말씀드렸다.

아이와 공부를 할 공부방에는 한쪽 벽면을 제외하고는 사방이 책으로 둘러싸여 있었다. 나는 그 공부방안에서 나도 숨이 턱 하고 막히는데, 아이는 과연 괜찮을지 의문이 들어서 어머님께 여쭈었다. "어머님, 책이 매우 많네요. 샌디가 이렇게 책을 많이 읽나요?" 했더니, 이미 거의 다 읽어서 추가로 더 구매할 예정이라고 하셨다. 나는 그 말에 "아, 네…"라고 짧게 대답했다. '헐, 저걸 진짜 다 읽었으면 나보다 더 똑똑한 수준인데?'라고 생각하면서. 그런데, 수업을 시작하고 아이를 관찰하니 아이는 부모가 책을 많이 읽는 것을 늘 칭찬해주니까 계속 칭찬을 받으려고 무조건 많이 읽는 것이었다. 책 내용에 관해서 이야기해보니 아이는 모든 면에서 많이 배웠음에도 불구하고 배운 만큼 표현을 잘하지 못했다. 사고력이 부족한 것이었다. 그래서 다른 방식으로 책에 대해 질문을 하니 역시 생각은 하지 않고 무조건 읽기만 한 것이 맞는다는 결론에 이르렀다.

부모는 아이에 대해 다독의 욕심을 버려야 한다. 아무 생각 없이 무조건 많이 읽는 것보다 한 권의 책을 충분히 이해하며 읽는 것이 아이의 언어 능력과 창의력을 훨씬 더 향상시킨다. 단순한 다독은 주입식 교육과 다를 바가 없다. 아이는 이미 잠재된 언어 능력을 갖추고 있다. 아직 표현이 서툴 뿐이고 사용할 시간이 충분히 주어지지 않았을 뿐이다. 부모가 먼저 아이에 대해 다독의 욕심을 버려야 한다. 책을 많이 사주는 부모가 되려고 하지 말고, 한 권이라도 아이와 함께 내용을 충분히 이해하고 섭취하고 표현하는데 집중하는 부모가 되도록 노력하자.

제3장 Change 우리의 미래, 아이들
사색과 철학이 필요하다

프랑스의 교육

프랑스는 세계에서 네 번째로 많은 노벨상 수상자를 배출했으며 지금까지 총 62명의 노벨상 수상자가 나왔다. 또한 '수학의 노벨상'인 필즈상에서도 두각을 나타내고 있다. 다른 나라보다 프랑스에 유독 뛰어난 수학자가 많은 이유는 무엇일까? 생각을 길러주는 프랑스 교육이 아닐까?

한국의 고등학교 수학시험에서 서술형 문제 비중은 적게는 30%, 많게는 50%까지 출제된다. 수학시험에서 서술형 평가를 하는 이유는 문제 해결 과정을 평가하고, 학생의 학습 수준을 더욱 정확히 평가하기 위해서이다. 물론 문제에 따라 부분점수도 줄 수 있기 때문에 점수를 더 잘 줄 수도 있다. 그러나 내가 영어 수업을 함께 했던 학생들의 얘기를 들어보면 서술형 문제는 생각을 길러주는 문제는 전혀 아니었다. 수학 기본 실력을 갖추고 있으면서 문제를 많이 풀면 맞출 수 있는 수준이었다.

즉, 서술형 문제 또한 생각하는 힘을 길러주는 문제가 아닌 정답을 맞히기 위한 문제였다. 일률적인 공식 활용 문제이지 사고를 통한 문제 해결을 요구하는 문제는 아니다. 수학적 사고력과 창의력 증진과 같은 수학의 본질적 측면을 강조하는 교육과는 거리가 멀어 보인다.

르네상스기의 프랑스 철학자 몽테뉴는 그의 수필 《에세》에서 교육에 대한 그의 관점을 제시했다. 몽테뉴의 교육관의 핵심은 철학 교육을 바탕으로 학생이 스스로 생각하고, 사고하며, 비판하고, 논증하는 힘을 기르는 데에 있다. 특히 그는 당대 유망학문의 형식적 문법적 측면에만 집중하는 학교 교육을 비판했다. 이러한 교육관은 당대 프랑스에 불던 르네상스 열풍과 함께 많은 지식인에게 영향을 주었다. 그리고 50년이 지난 지금에도 프랑스의 수능시험인 바칼로레아에서도 그 영향력의 흔적을 볼 수 있고, 그의 교육 철학이 스며든 생각하는 힘을 길러주는 수학 교육을 프랑스에서는 하고 있다.

프랑스의 고등학교 수학 문제에서는, 학생들이 써낸 풀이 과정을 보면 학생이 문제에 접근하기 위해 어떤 생각을 했는지가 잘 드러나 있다. 그러니 그에 근거하여 부분점수도 줄 수 있는 것이다. 우리나라 수학 문제의 부분점수는 그런 차원의 부분점수가 전혀 아닌 공식과 풀이 과정에 근거한 것이다. 프랑스에서는 수학뿐만이 아니라 모든 교육의 목적은 사고력을 길러주는 데 있다. 그리고 그러한 교육을 지탱하는 근원적인 바탕에는 역시 철학이 있다. 프랑스에서는 고등학교 3학년이 되면 문과나 이과에 상관없이 누구나 일주일에 네 시간씩 철학 수업을 듣는다. 학생들은 철학 수업에서 철학적 질문이 있고 각자의 생각을 자유롭게 토론한다.

프랑스는 대학을 가기 위해 바칼로레아 시험 점수가 필요하다. 프랑스 바칼로레아는 제시된 주제에 대해 자기 생각을 논리적으로 서술하는 시험이다. 철학, 수학, 물리&화학, 생물학, 경제학, 사회과학, 프랑스어, 역사&지리, 외국어 등 8개의 분야이며 모두 논술형이다. 특히 철학 시험의 비중이 높고 중요하다. 철학 시험은 4시간 동안 치러지며 3개의 주제 중에서 1개를 선택하여 논문 형태로 한다. 또한, 바칼로레아 철학 시험의 주제는 시험이 끝난 후 그 주제가 신문에 실리고, 유명인사와 일반인들의 각종 토론회가 열릴 정도로 국민적 관심사가 된다. 주입식 교육으로 시작해 주입식 교육으로 끝나는 우리나라와는 정반대로 철학으로 태어나서 철학으로 생을 마감하는 그런 곳이 프랑스이다.

프랑스 바칼로레아 철학 시험 문제의 특징은 정답이 없다는 것이다. 모범답안도 정답도 없기 때문에 스스로 생각해서 쓰지 않으면 한 줄도 쓰기 어렵다. 바로 이 시험이 200년이 넘는 시간 동안, 프랑스인들에게 철학으로 생을 살아가게 해 준 힘이었다. 또한, 어떤 시대에서도 몇 차례의 산업혁명을 거치면서도 바칼로레아는 그 가치를 해내고 있었기 때문에 변함없이 유지 될 수 있었다. 철학 시험뿐만 아니라 바칼로레아의 모든 문항은 주관식이다. 20점 만점에 10점을 넘으면 합격이고 합격한 사람은 어느 지역, 어느 대학에나 지원할 수 있다. 해 마다 조금 다르지만, 일주일에 걸쳐 치러지는 바칼로레아 시험에 매년 1조 원 정도의 예산이 들어간다. 이렇게 많은 예산이 드는데도 불구하고 프랑스인 열 명 중 일곱 명은 바칼로레아가 계속 유지되는 것에 동의한다. 큰 비용을 들여서라도 학생들의 사고력을 높여주고, 철학 하는 시민으로 길러내자는 사회적 합의를 보여주는 것이다.

프랑스의 이런 교육과정이 정착되기까지는 오랜 시간이 걸렸고, 사회 전반적인 합의가 이루어졌고, 엄청난 예산도 투입되었다. 즉, 교육개혁이라는 것이 여러 분야의 합의가 필요하기 때문에 쉽지 않다는 뜻이다. 하지만, 우리 또한 나라 전체의 미래를 위해서 그리고 궁극적으로 우리의 아이들을 살리고 싶다면 언젠가는 반드시 이루어 내야 할 분야라고 생각한다. 지금 한국 고등학교 내신 시험은 1등급만을 가려내는 '정답 맞히는 기계' 또는 '낙오자 만들기'적인 성격이 강하다. 그 귀중한 시간을 투자해서 사색과 철학을 하는 인간이 아닌 정답 맞히는 기계를 배출해내서 앞으로 이 사회가 어떻게 될지 모두가 깊이 생각해보기를 바란다.

사색과 철학이 필요한 이유

미래학자 버크민스터 풀러는 인류가 가진 지식의 총량이 폭발적으로 늘어나리라 예측했다. 그가 발표한 '지식 두 배 증가 곡선'에 따르면 현재 13개월 주기로 인류 지식의 총량이 두 배로 증가하며, 그 주기는 1900년대부터 주기가 점점 빨라져서 2030년이 되면 3일로 단축된다고 한다. 이러한 지식의 폭발은 지금까지 우리가 단 한 번도 경험하지 못한 사건이다. 브리태니커 백과사전이 2010년 인쇄본 출판을 중단한 이유다. 244년의 역사를 가진 브리태니커 백과사전이 그런 결정을 한 것은 쓰인 지식은 이제 더 필요하지 않다는 뜻이다. 새로운 지식의 창출 속도는 점점 더 빨라지고, 매일매일 정보가 넘쳐나고 있다. 이제는 개인이 얼마나 많이 알고 있는지는 더 중요하지 않다. 지식의 양보다는 세상의 변화를 읽어내고 필요할 때 원하는 정보를 바로 찾아내고 그것을 창의적으로 활용할 수 있는 능력이 중요하다. 이렇게 급변하는 시대에 걸맞은 능력을 갖추기 위한 키워드는 바로 '사고력', 생각하고 궁리하는 힘이다. 전 세계에서는 지금 미래를 위해 사고력과 창의력을 길러주는 교육에 주목하고 있다.

지식의 빅뱅 시대, 변화의 속도는 너무 빨라서 도무지 쫓아갈 수 없을 지경이다. 주요 매체에서는 하루가 멀다고 4차 산업혁명, 인공지능, 빅데이터 등이 늘 이슈로 장식된다. 내 의지와 상관없이 인터넷을 하고 있자면 늘 따라다니는 단어들이다. 그러니 지금이라도 뭔가를 배워야 살아남는 것이 아닌가 걱정이 되고, 자녀가 있으면 당연히 자녀교육과 연관 지어서 생각할 수밖에 없을 것이다. 그런데 이와 동시에 항상 언급되는 것이 바로 철학이다.

급변하는 시대에 우리는 가치관이 흔들리고 불안한 채로 살아가고 있다. 그러니, 진실하게 잘살아 보려고 해도 기준이 명확지 않고 각자에게 올바른 길을 안내해줄 사람도 없으니 도무지 갈피를 잡을 수 없고 혼란스럽기만 하다. 내가 잘해보고자 해도 사회와 내 주변인들이 나에게 거는 기대는 내가 하고자 하는 방향과 일치하지 않기 때문에 혼란이 오고 또다시 흔들린다. 이런 혼란의 시대일수록 우리는 깊고 넓게 멀리 내다봐야 한다. 우리는 너무 빠르게 변화하는 세태 속에서 즉흥적으로 대처하는 경향이 많은데, 문제는 우리가 풍랑을 만났을 때이다. 각자의 확고한 기준이 없으니, 이리저리 휩쓸리다 결국 더 빨리 좌초되어 버리고 만다. 이렇게 급변하는 혼란의 시대 속에서 새로운 가치관으로 삶에 대처해 나갈 때 필요한 것이 바로 '철학'이다. 또한, 앞으로는 누가 더 많은 정보를 가졌느냐가 아니라 그 정보를 적절히 잘 활용할 수 있는 능력이 중요하며, 공동체 속에서 혼자가 아닌 함께 이루어 나가야 한다. 그러니 인성을 겸비한 철학적 사고가 필요하다.

핀란드 융합 교육

프랑스가 전통을 기반으로 사고력을 키우는 교육 시스템을 가지고 있지만, 핀란드에서는 다른 방향으로 교육 혁신이 이뤄지고 있다. 핀란드는 전 세계가 인정하는 교육 강국이다. 그런 핀란드에서 세계 최초로 시도하는 것은 무엇일까? 바로 융합 교육이다. 융합 교육은 서로 다른 과목의 교사들이 하나의 주제를 정하고 과목을 통합해서 가르치는 교육이며, 2016년 8월 핀란드 교육과정 개정 발표 이후 전 세계가 관심을 가졌다.

핀란드 융합 교육의 특징은 첫 번째 협업이다. 학생들이 팀을 스스로 결성하고 토론할 주제를 선정하여 문제를 해결해 나가는 방식이다. 스티브 잡스도 반드시 회의할 때는 면대면으로 진행하는 것을 고집했다고 한다. 그것은 사람과 사람이 얼굴을 마주하고 마음을 나누고 소통하는 과정에서 훨씬 더 창의적인 아이디어가 나오고 좋은 결과물이 나오기 때문이다.

협업 중심 방식은 개별화된 방식보다 월등한 학습 효율성을 보장해준다.

두 번째 특징은 관심과 흥미 유발이다. 핀란드는 학생이 행복한 교실을 추구한다. 학생들의 생활과 주변환경과의 동떨어진 교육을 지양하고, 주위에서 흔히 접할 수 있는 주제를 중심으로 학생들의 관심과 흥미를 끌어내고 자기주도 학습을 가능하게 해준다. 학생들은 스스로가 공부에 흥미를 느낀다면 즐겁고 행복하게 해나갈 수 있을 것이고, 본인들의 잠재력과 창의력을 최대한 발휘할 수 있을 것이다. 그러면 계속해서 흥미를 느끼고 자기 주도학습자가 될 것이다.

세 번째 특징은 융합 교육을 통해서 주어진 문제에 대해 다양한 방식과 다양한 시각으로 해석하고 분석할 수 있는 능력을 극대화하는 것이다. 핀란드의 교육은 사고력과 창의력을 키우는 것에서 한 단계 더 넘어선 교육을 하는 것이다. 우리의 교육방식과 비교해보자면 우리는 갈 길이 너무나도 멀어 보이는 것이 사실이다. 사고력과 창의력 증진에 앞서서 일단 주입식 교육에서부터 벗어나서 학생들이 자기주도 학습을 할 수 있는 길부터 찾는 것이 우선이다. 자기주도 학습이 되지 않는 학생이라면 그 학생의 사고력과 창의성은 결코 빛을 보지 못할 것이다.

우리는 지금 코로나바이러스로 인해 비대면 수업이 필수가 되어버렸다. 한국의 모든 학생이 비대면 수업을 처음 시작할 때의 혼란은 정말 상상 이상이었다. 학생뿐만 아니라 교사들도 혼란스럽기는 마찬가지였다. 어쩌면 교사들이 가장 혼란스러웠을 것이다. 기존의 편안함에서 완전히 탈피해서 새로운 시도를 해야 했으니까 말이다. 교사들은 기존의 방식과 너무 달라서 준비할 엄두가 안 난다고 불평을 했다. 나는 그런 기사를 보면서 우리나라 교육은 도대체 언제 그리고 누구로부터 시작해서 선진국형 교육이 될 수 있을지 심히 걱정되었다. 핀란드는 이미 기존 교육제도도 매우 훌륭하다고 평가받는 나라인데도 끝없이 노력하고 있다. 그 노력의 중심에는 교사가 있다. 옛날부터 이어진 교사 지침서대로 학사일정만 맞추는 그런 수동적인 교육이 아니라, 융합 교육을 이끌어 가기 위해서 핀란드는 교사들이 다방면으로 연구하고 지식을 쌓고 노력하고 있다. 한국의 교사 모두가 다 그렇다는 것은 아니다. 하지만 한국은 대부분의 학교에서 교사들은 학생들이 알아서 사교육을 다 할 거로 생각하고 안이하게 수업하는 경우가 많은 것은 분명한 사실이다. 우리 20세기 교육환경은 언제쯤 제 시대를 똑바로 찾아갈 수 있을까?

핀란드 교육의 핵심 키워드 3가지는 '모든 학생에게 평등한 교육', '현장에 대한 신뢰', '질 높은 교사 양성'으로 집약된다. 먼저 평등한 교육 면에서 살펴보자면, 우리나라 학교에서는 장애 학생이 일반 학교에서 함께 공부하는 경우를 거의 찾아볼 수 없다. 당연히 법적으로도 아무 문제 없이 장애 학생도 일반 학교에서 같이 수업을 받을 수 있다. 장애아동을 일반 학교에서 일반아동과 함께 교육하는 통합 교육은 유엔이 보장하는 장애인의 권리이자 국제사회의 약속이다. 유엔 장애인 권리협약 제 24조는 "장애인의 교육받을 권리를 인정하고, 권리를 균등한 기회에 기초하여 차별 없이 실현하기 위하여, 모든 수준에서의 통합적인 교육제도와 평생교육을 보장함은 물론 장애인의 통합교육 정책을 수립해야 한다"고 규정한다.

한국은 이 협약의 당사국으로 특수교육대상자의 70%가 일반 학교에서 교육받고 있다. 그런데 우리는 과연 일반 학교에서 장애 학생을 과연 몇 명이나 볼 수 있는가. 거의 볼 수 없다. 일반 학교에 장애아동이 배치되어서 입학한다고 해도 물리적으로만 배치돼 있을 뿐 방치와 차별, 괴롭힘 등으로 인해 제대로 된 통합 교육을 받지 못하는 것이 현실이다. 대부분의 장애아 부모들은 초등 단계에서는 일반 학교에 자녀를 입학시키지만, 잔인한 교실 풍경에 지치고 마음에 상처만 입은 채 특수 학교로 옮기는 경우가 대부분이다. 친구들의 놀림만이 아니라 교사들과 교장 선생님부터 장애 이해 교육이 전혀 안 되어 있다는 게 가장 심각한 문제이다. 장애에 대한 이해 자체가 없는데 장애 학생들이 통합교실에서 겪게 되는 어려움을 어떻게 도와줄 수 있다는 말인가. 이것은 우리나라 교사양성 제도 자체를 개선해야 할 필요가 있는 것이다. 물론 반대 의견이 분분하겠지만 이런 부분을 개선하지 않고 계속 방치하는 것은 결국 나라 전체 발전에도 장기적으로도 도움이 되지 않는다. 또한, 국가는 모든 국민을 차별 없이 보듬어 주도록 노력해야 하는 것이 당연하다.

　나는 앞서 얘기했지만, 장애가 있는 사촌 언니가 한 명 있다. 어릴 때 언니가 일반 학교에 다닐 때 너무 힘들어하는 것을 봤다. 나는 한국뿐만 아니라 모든 곳이 그런 줄 알고 있었다. 성인이 되어서 핀란드나 프랑스처럼 장애아동들에게 더 세심한 배려를 해주고 취학 전 장애아동 재활 교육을 제공하고 학교에서는 장애아동이 아무런 차별 없이 교육을 받을 수 있게 해주는 몇몇 나라를 보면서 더욱더 한숨이 절로 나왔다. 아! 우리나라의 갈 길은 역시나 멀기만 하구나.

우리 교육의 나아갈 길

　프랑스와 핀란드의 교육을 소개한 것은 꼭 그들의 교육이 최고이고 그들의 교육을 따라가야 한다는 뜻은 결코 아니다. 다만 이 혼란의 시대에 미래를 대비하기 위해, 본질을 들여다보고 우리나라 교육이 앞으로 나아가야 할 방향을 찾자는 것이다.

　프랑스 학생들은 교육과정을 통해 스스로 생각하는 힘을 길러왔다. 또한, 200년 이상 지속하여온 바칼로레아를 통해 생각하는 힘을 펼쳐 보인다. 전통과 역사 속에서 꽃피운 교육의 힘이다. 반면 핀란드는 아이들에게 새로운 시대에 걸맞은 능력을 길러주기 위해 강력한 개혁을 시도했다. 핀란드는 국제 학업성취도평가 결과에서 한국과 1, 2위를 다투고 있다. 그런만큼 학생들의 학업능력과 성취도가 우수한 교육 강국이다. 하지만 핀란드 사회는 이 정도에 절대 만족하지 않았다. 학업 성취도보다 학생들의 동기와 흥미도가 떨어지는 이유에 대해서 끊임없이 논의를 해왔고, 2012년 교과 개혁을 시작했다. 그리고 그 결과물로 도입된 것이 바로 융합 교육이다. 융합 교육은 서로 다른 교과에서 배운 내용을 결합하고 통합할 뿐만 아니라 새로운 분야를 창출해 내는 것이다.

전통을 이어온 프랑스, 개혁을 단행한 핀란드, 이 두 나라의 교육에는 공통점이 있다. 오랜 시간을 이어온 사회적 합의가 밑바탕에 있다는 것이다. 프랑스에서는 바칼로레아를 치르기 위해 한 해 많은 예산이 투입되지만, 국민의 80%는 바칼로레아를 없애서는 안 된다고 말한다. 이렇듯 사고력 향상을 위한 교육에 사회적 합의가 있었기에 바칼로레아는 지금까지 오랜 시간 동안 유지될 수 있었다. 핀란드도 마찬가지다. 교육개혁에 대한 큰 틀을 마련한 이후 지금까지 40여 년 동안 사회적 합의를 지속해서 수정, 보완해왔다. 그 결과 오늘날 세계 최정상의 교육시스템이 갖추어졌다. 2016년부터 의무적으로 실시되는 융합 교육 또한 이 큰 틀 안에서 새로운 시대에 학생들에게 가장 필요한 교육이 무엇인지 합의한 결과물이다.

융합사고력은 특히 사회지도층이 갖추어야 할 소양이기도 하다. 점점 사회는 복잡해지고 그만큼 해결해야 할 문제도 복잡하다. 코로나 바이러스로 혼란을 겪는 이 시기에, 의료와 보건 분야만의 문제가 아닌 사회 전 영역에서 통합적으로 사고하고 적합한 해결 방안을 끌어낼 수 있는 융합 사고력이 필요하다.

시대와 국가를 막론하고 지배 계급이 가장 중요하게 생각하는 것은 바로 다름 아닌 '교육'이다. 그만큼 중요하기에 사회적 합의를 통해 오랜 시간을 두고 이루어 나아가야 한다. 어느 시대, 어느 국가를 막론하고 이지만, 과연 한국은 교육을 얼마나 중요하게 생각하는지 강한 의문이 든다.

나 같은 사람 하나가 책을 쓰는 것으로 인해 눈에 띄는 변화가 있지는 않겠지만, 부디 많은 사람이 교육에 관심을 가지고 인식을 바꾸어 나가면서, 더욱더 많은 사람이 변화에 앞장서 주기를 간절히 바란다. 교육은 많은 이해관계가 얽혀 있는 부분이라서 한 부분만을 논하기에는 조심스러운 면이 있다. 그러나 분명한 것은 단순히 지식을 습득하던 주입식 교육 시대는 이제 끝났다. 지식보다는 사고력과 창의력이 더욱 중요한 시대가 이미 우리에게 다가와 있다. 인식하고 변화하지 않으면 미래를 살아낼 수가 없다. 당연히 오랜 시간이 걸리겠지만 지금부터라도 새 시대에 걸맞은 새로운 교육의 틀을 함께 고민하고 만들어가야 한다. 급변하는 시대에 지금의 교육 수준으로 미래를 맞이한다고 상상만 해도 끔찍한 일이 아닐 수 없다.

제4장 Change 심리적 안정감
우리의 청춘들

무엇을 준비해야 하는가?

앞으로 4차 산업혁명 시대에 우리는 무엇을 준비해야 하는가? 미래를 위한 중요한 키워드는 공존과 공생이다. 종교인 비종교인, 노인과 청년, 가진 자와 그렇지 못한 자 등의 구분 없이 함께 공존해 나가야 한다. 인공지능 시대는 이미 인류에게 도래했다. 그렇지만 여전히 인공지능은 우리에게 낯선 개념이다. 오늘날 로봇은 단순한 기계장치에 불과한 과거의 로봇과는 다르다. 점점 진화하여 이제는 사람처럼 말하고, 나아가 창의적이고 숙련된 업무가 필요한 분야에서도 이미 활약하고 있다.

한창 인터넷에 '미래에 사라지지 않을 직업'을 검색하면 예술적이고 창의적인 분야의 직업은 사라지지 않을 것이라고 나와 있었다. 하지만 불과 1~2년 만에 가장 예술적이고 창의적인 분야에서도 인공지능은 인간의 능력을 이미 상당 부분 따라잡았다. 미래학자 토마스 프레이는 2030년까지 전 세계적으로 약 20억 개의 일자리가 로봇과 컴퓨터 알고리즘 때문에 사라질 것이라고 했다. 인공지능과 경쟁하는 일자리 문제는 먼 훗날의 미래 세대의 문제가 아니라 당장 우리 앞에 닥친 현실이다.

이런 현실 속에서 기술 발전을 반갑게 맞이하는 방법은 없을까? 바로 공존과 공생이다. 인간과 기술의 공존이라는 가치를 택한 독일이 우리에게 좋은 가르침을 준다. 독일은 제조업과 IT기술을 융합해서 제조업 경쟁력을 키우는 '인더스트리 4.0' 전략을 세우고, 제조업에서 자동생산체계를 구축하고 생산과정을 최적화하는 데 힘쓰고 있다. 독일의 한 전기 • 전자 기업을 예로 들어보자. 이곳은 자동화 시스템에 인공지능을 도입해서 생산성을 여덟 배나 향상했지만 놀랍게도 기존과 동일한 고용 인력을 유지하고 있다. 직원들의 업무를 단순 작업이 아닌 개발과 연구 등으로 확장한 덕분이다. 이렇게 기업들이 인공지능을 도입해서 생산성을 높이니까 직원을 해고하는 게 아니라 잡무에서 벗어나 더욱더 고차원적인 일을 하도록 해줘야 한다.

결국 더불어 사는 세상을 만드는 것이 인공지능 시대에 인류를 살릴 유일한 방법이다. 인간의 선한 의지만 있다면 인공지능과 인간이 조화를 이루며 살아가는 것은 결코 어려운 일이 아니다. 우리 인간에게는 최대의 선물 자유의지가 있으니 말이다. 인공지능 기술을 제대로 이용하여 사회 전체에 이익을 가져다주는 예는 세계 곳곳에서 찾을 수 있다. 인공지능은 사람의 능력으로는 불가능했던 많은 일을 가능하게 하고, 기후변화, 질병, 범죄, 재해 등 인류를 위협하는 수많은 문제도 해결할 수 있다. 앞서 소개한 독일 기업처럼, 부디 우리나라도 생산성 높이는 것에만 집중할 것이 아니라 기업이 직원과 함께 성장해 나가는 공존과 공생을 추구하는 기업이 많아지기를 진심으로 바란다.

청춘이니까 아파도 된다?

　나는 한때 유행했던 "아프니까 청춘이다" 이 말을 무척 싫어했다. 나도 그만큼 아팠으니까… 나는 20대와 30대에 프리랜서로 영어 아나운서, 강사, 프레젠터 등 영어 관련 일들을 했었다. 물론 영어를 좋아했지만, 프리랜서로서의 삶은 늘 즐거운 것은 아니었다. 한 회사에 소속되어서 하는 일이 아니다 보니 일이 있을 때도 있고 없을 때도 있어서 늘 어느 정도의 불안감을 가지고 살아갔다. 때때로 사람들이 나에게 "프리랜서의 삶이 너무 멋져 보이고 부러워요"라고 하면, 나는 "아휴, 아니에요. 성수기 비수기 합쳐 6개월 벌어서, 나머지 6개월 겨우 먹고살아요, 하하하"라고 농담 반 진담 반으로 대답을 하곤 했을 정도이다.

　나의 일은 매번 행사 때마다 실수 없이 완벽하게 내 최고의 실력을 발휘해야만 살아남았다. 즉 다음 기회가 주어진다는 뜻이다. 그러니 완벽주의라는 강박관념을 늘 가지고 살았다. 대기업의 중요한 기술발표에서 프레젠테이션을 맡기라도 하면 그 많은 내용을 교육받은 후, 영어로 이해하고 충분히 공부한 다음 미친 듯이 달달달 외웠다. 보통 10장은 족히 넘어가는 내용을 외우느라 온종일 외우고 또 외우고 자면서도 꿈속에서도 외웠다. 그렇게 열흘 정도는 외우는 기계처럼 살다가 행사를 끝내고 나면 온몸이 녹초가 되어서 부서지는 것 같았다. 그렇게 힘들지만, 그 일을 했던 것은 무엇보다도 그 일이 좋았기 때문에 가능했던 것 같고, 또 '너는 잘하고 있다'며 가족과 친구들의 따뜻한 위로와 격려가 있었기 때문이었던 것 같다.

나의 20대 시절엔 길거리에 이단 종교로 유혹하는 자들이 곳곳에 꽤 많았고, 내 친구 중 몇몇도 한 번씩은 설교를 들으러 어딘가를 갔다 왔다고 했지만 나는 절대 경험하지 않았다. 그것은 어쩌면 나에겐 의지할 가족이 있고, 위로해 줄 친구가 있고, 무엇보다 나 자신에 대한 나름의 신념이 있었기 때문인 것 같다. 지금 이단이 난리를 치는 이 판국에 생각해 보면, 그때 그렇게 불안 속에서 살아갈 때도 이단 종교에 빠지지 않은 나 자신이 대견하다.

아무리 영어를 좋아했더라도 몇 년을 하고 나니 너무 힘들기도 하고 프리랜서의 삶에 지치고, 또 새로운 일에 도전해보고 싶어서 국제 투자 개발 회사에 정직원으로 입사했다. 나는 프리랜서의 삶과는 정 반대를 꿈꾸며 기대에 부풀어 있었다. 하지만, 회사에 들어가서도 마찬가지였다. 완벽주의는 떠나질 않았다. 입사하고 1년간은 늘 야근이었고, 토요일에 사장님께서 출근하시니 나도 역시 출근을 했고, 쉬는 날에도 해외에서 오는 업무 전화를 다 받아냈고, 국가 간 시차가 있다 보니 밤낮으로 걸려오는 업무 전화를 받고 처리하고 그렇게 살았다. 그러다 보니 몸도 마음도 너무 지쳐서, 문득 내가 도대체 왜 이러고 살고 있나? 싶었다. 너무 힘들었다. 입사할 때의 부푼 꿈과 포부는 조금도 생각나지 않았다. 회사를 한 달 휴직하고 나 자신에 대해 생각하는 시간을 가졌고 많은 고민 끝에 결국은 "나 자신을 억누르면 결코 가치 있는 것을 성취할 수 없다."라는 확신이 생겼고 결국 3년 6개월의 내 회사생활을 끝냈다.

이렇게 우리는 모두 청춘을 아프고 힘들게 보내는 것이 당연하다는 듯이 사회는 청춘을 더욱더 힘들고 외롭게 한다. 이 고통을 견뎌내야만 마치 더 높은 곳으로 올라갈 수 있다고 채찍질하고 있는 것만 같다. 그러나 지금은 다른 세상이다. 시대가 변하고 있으니 사회도 변해야 하는데 사회는 그 속도를 못 따라가고 있는 것 같아서 안타깝다. 그렇다고 계속 자신을 희생만 하면서 살 수는 없지 않은가. 우리가 모두 스스로 행복에 대해서 깊이 생각하고 행복에 이르는 길을 찾아가야 한다.

다시 프리랜서의 삶으로 돌아갔지만, 마음가짐은 예전과는 달랐다. 불안정한 삶도 안정적인 삶도 살아보니, 결론은 무엇을 하든지 나 자신을 보살피면서 행복하게 살아가자는 것이었다. 어떤 혼란 속에서도 내가 행복해야 한다는 것을 깨달았다.

나는 회사에서 국제 비즈니스를 하면서 크게 성공한 사람들을 많이 만나봤다. 그들을 보면서 부러움과 존경심을 표현했지만, 한편으로는 안타까운 마음도 들었다. 누가 봐도 성공한 그들이 심신이 녹초가 되도록 일만 하느라 항상 스트레스를 받고, 때론 건강에 심각한 문제가 생기는 것을 자주 봐왔기 때문이다. 그들은 뛰어난 능력을 갖췄지만, 목표를 이루어 나가는 과정에서 소중한 자산인 자신을 소모해버린 것이다.

나는 나의 문제를 고민하면서, 부러움의 대상인 성공한 사람의 삶을 쫓아가는 것이 과연 성공하는 길일까? 고민했지만, 아니라고 결론을 내렸다. 우리 사회에서 성공을 위해 모두가 쫓아가고 있는 그 방식이 전적으로 잘못됐다는 것을 깨달았기 때문이다. 많은 사람이 성공과 행복을 위해 선택하는 그 방식이 실제로는 정반대의 효과를 가져온다는 확신이 들었다. 우리는 진정한 성공과 행복을 얻는 능력을 잃어버린 것이 아닐까? 우리가 시대에 맞지 않는 그런 성공이론을 굳게 믿는 것은, 아마도 많은 성공한 사람들이 그런 방식으로 해왔다는 것을 자주 보고 들었기 때문일 것이다. 우리는 어릴 때부터 남보다 뛰어나려면 끝없는 노력과 인내력으로 그것을 해내야 한다고 배운다. 그 과정에서 행복은 결코 중요한 것으로 여겨지지 않는다. 이런 교육을 받고 자란 우리는 과연 성인이 되어서는 행복해질 수 있을까?

"끝임없이 이루고 성취하라" "성공에는 스트레스가 따르기 마련이다" "어떻게든 끝까지 인내하라" 성공을 위해 고통을 참아내야 한다며 학창 시절에는 노트에 크게 적어가며, 책상 곳곳에 메모를 붙여 놓고, 졸리면 커피나 에너지 음료를 마셔가며 공부를 해댔다. 물론 그렇게 하면 성공할 수 있을 거라 확신하며 참고 견뎠을 것인데 과연 성공하긴 했을까?

우리는 어린 시절부터 이런 말을 자주 들었다. 이런 방식은 널리 받아들여져 왔고 당연한 것처럼 보이지만, 전적으로 잘못된 것이다. 물론 어떤 이들은 이런 방식으로 성공하기도 하지만 그 대신 그만큼의 큰 대가를 치르게 된다. 많은 연구 결과는 이런 방식이 결국엔 성공과 행복에 이르는 길을 방해한다고 보여주고 있다. 성공하기 위한 이런 접근법은 사람들과 교류하는 능력을 저하한다. 앞으로 더욱더 공존, 공생이 필요한 시대에는 맞지 않는 접근법이다.

그뿐만 아니라 업무에서는 창의성을 발휘하기 힘들고, 의욕과 활력을 감소시키며, 좋은 성과를 내지 못하게 하고, 실패와 고난을 겪은 후 회복하는 능력(회복 탄력성)까지 떨어트린다. 심지어 이런 방식을 고수하는 사람은 육체적 정신적 건강에도 문제가 생길 가능성이 더 크다는 연구 결과도 있다. 이제 이런 급변하는 시대에는 맞지 않는 접근법은 과감히 버리고, 내 정신과 육체를 동시에 건강하고 행복하게 할 수 있는 길을 찾을 때이다. 과감히 변화를 추구하자. 이제는 더 이상 다른 사람의 성공 스토리가 내 인생의 족보가 될 수는 없다.

행복이 왜 중요한가?

우리는 어릴 때부터 행복이 곧 성공으로 가는 비결이라는 말은 거의 듣지 못하고 자란다. 오히려 성공이 행복을 가져다준다고 반대로 배우면서 자란다. 성공이 곧 행복이다. 우리는 행복과 성공, 이 둘의 연관성에 대한 설명을 자주 듣지는 못한다. 하지만 감정이 우리에게 큰 영향을 미친다는 것은 직관적으로 알고 있다. 아침에 학교에 나서려는데 엄마의 잔소리 한 마디 때문에 하루를 망치고, 남자친구와 전화로 말다툼하다 감정 상한 한 마디 때문에 온종일 일에 집중을 못 하는 경우가 있다. 이렇듯 우리의 감정과 마음 상태는 우리 삶에 많은 영향을 미친다.

반대로 즐겁고 감사한 마음이 가득하던 때를 떠올려 보자. 분명 학교 가는 길에 친구를 보고 반가워하는 목소리는 평소보다 더 커질 것이고, 직장에서 상사에게 꾸지람을 듣더라도 크게 신경 쓰지 않고 쿨하게 넘길 수도 있다. 행복은 긍정적 감정이 매우 높은 상태를 의미한다. 이는 우리의 삶에 강한 긍정적 영향을 미친다. 행복감은 개인의 삶의 질을 높여줄 뿐만 아니라 대인관계와 사회생활에서도 좋은 영향력을 발휘한다. 행복이야말로 성공에 이르기 위한 필수 요소이다.

긍정적 감정과 행복감은 지적 측면, 심리적 측면, 사회적 측면, 신체적 측면에 강력한 영향력을 발휘한다.

지적으로 사고가 유연해진다. 즉, 긍정적 감정은 학습, 창의력, 문제 해결 능력에 도움이 된다. 예를 들어 사람들이 짧은 코미디 동영상을 본 후에 퍼즐을 풀면 더 쉽게 푼다는 사실이 실험을 통해 밝혀지기도 했다. 이것은 우리가 즐거움을 느낄 때 두뇌에서 기쁨을 느끼는 부위가 활성화되고, 정신적 유연성과 창의성을 촉진하는 신경회로가 더 활발하게 작동하기 때문이다.

심리적으로 긍정적 감정이 커진다. 우리는 매 순간 감정이 오르락내리락한다. 외부적 요인이 아니라 자신의 내적 마음 상태에 따라 기분이 달라지고, 하루가 완전히 달라지는 경우가 대부분이다. 아름다운 해변에 앉아서 힐링을 하는 중에 스트레스를 주는 업무 메시지를 한 통 받는다면 그 순간 기분은 엉망이 될 것이다. 반면 아무리 힘든 상황이라도 업무 계약이 성사되었다거나 바라고 있던 기쁜 소식을 듣는다면 그 어느 때보다 행복한 기분이 들것이다. 콧노래도 절로 나오고, 말이다. 이처럼 긍정적 감정이 일어나면 외부요인과 상관없이 감정적으로 균형 잡힌 상태를 유지하는 데 도움이 된다. 여러 전문가의 연구에 따르면, 우리가 이미 잘 알고 있듯이, 긍정적 감정이 스트레스를 훨씬 더 빨리 극복하게 해주기 때문이다.

사회적으로 인간관계가 돈독해진다. 사회에서 인간관계가 성공에 중요한 역할을 한다는 것은 이미 모두가 잘 알고 있을 것이다. 긍정적 감정은 좋은 인간관계를 형성하고 기존의 인간관계를 더욱 견고하게 해준다. 우리가 누군가를 처음 볼 때를 생각해보자. 아무리 어색하더라도 긍정적 감정을 표현하는 웃음은 사람들이 더 쉽게 마음을 열고 가까이 다가가게 한다.

또한, 직장에서는 행복감을 느끼는 직원이 많을수록 더 훌륭한 팀워크가 발휘된다. 행복감을 느끼고, 긍정적 감정이 높은 직장인일수록 동료와 협업을 잘하고, 업무 참여도가 높으며, 고객에게는 훌륭한 서비스를 제공한다. 우리가 반드시 명심할 것은 불안이나 우울 같은 부정적 감정은 우리를 더 자기중심적으로 만드는 반면, 긍정적 감정은 자신도 행복할 뿐만 아니라 타인과 더 생산적인 방식으로 교감할 수 있게 해준다는 것이다.

신체적 측면에서 몸이 건강해진다. 긍정적 감정으로 인해 형성되는 행복감은 우리 몸을 실제로 더 건강하게 해준다. 가장 도움이 되는 부분은 면역력이다. 우리 몸이 면역력이 약해지면 개인의 신체적 특성에 따라 다양한 증상으로 질병이 나타난다. 또한, 긍정적 감정은 스트레스를 낮춰준다. 스트레스가 만병의 근원이라는 것은 우리가 모두 이미 잘 알고 있지 않은가. 우리가 기분이 좋아지면 대표적인 스트레스 호르몬인 코르티솔의 수치가 정상화된다. 그에 따라서 면역 기능이 강화되며 염증과 알레르기 반응을 최소화해준다.

분명 행복은 성공으로 가는 지름길이다. 하지만 우리 대부분은 실천하지 않는다. 이제 우리는 스스로 행복을 찾음으로써 회복 탄력성을 높이고, 창의력을 키우고, 성공에 이르는 올바른 길을 만들어나가야 한다.

'행복'을 무엇이라고 정의할 수 있을까? 나의 후배 한 명이 상담을 요청했다. "선배, 살아가는데 낙이 없고, 별 행복한 일이 없어요."라고. 그래서 나는 후배에게 다시 물었다. "그럼, 무슨 문제가 있거나 불행한 일이 있어?" 그랬더니 후배는 없다고 한다. 이런 경우 만약 후배에게 큰 고난이 닥쳤다면 어떨까? 행복하지 않아서 고민이라고 할까? 분명, 이 고난만 없어지면 좋겠다고 할 것이다.

행복의 사전적 뜻은 생활에서 충분한 만족과 기쁨을 느끼어 흐뭇함. 또는 그러한 상태라고 한다. 우리는 이런 만족과 기쁨을 애써 찾아내서 느껴야만 할까? 그렇다면 인생이 좀 피곤하지 않을까? 우리는 바라는 것이 이루어졌을 때 만족감과 기쁨을 느낀다. 즉, 행복해한다.

그런데 문제는 삶에서 항상 내가 바라는 것이 이루어질 수는 없다는 것이다. 행복은 지속 불가능하고 그 행복이 사라지면 다시 괴로워질 것이다. 그러면 지속 가능한 행복을 추구하는 것이 가능할까? 행복해지기 위해서 새로운 무언가를 찾아 나선다면 결코 행복을 찾을 수 없을 것이다. 우리는 복을 누리고 있으면서도 그것이 복인지 모르기 때문에 감사하는 것을 잊고 산다는 말이 있다. 이처럼 특별한 것에서 행복을 찾으려고 애쓰지 말고, 범사에 감사하는 마음을 가지면서 행복감을 느껴보자. 불행하지 않다면 그것이 행복 아니겠는가. 파랑새는 결국 집안의 새장에 있다.

스스로 역경을 극복하는 힘

아픈 청춘들이 계속 아프게 놔둘 수는 없다. 스스로 아픔을 딛고 힘차게 일어서게 하자! 회복 탄력성이란 자신에게 닥친 역경과 시련을 포기하지 않고 오히려 도약의 발판으로 삼는 힘이다. 회복 탄력성이 높은 사람은 본인 자신의 실수에 대해 더욱 긍정적이며, 자신의 실수에 대해 예민하게 반응은 하지만 실수를 절대 두려워하지 않는다는 것이 특징이다.

지금 되돌아보니 예전의 나는 회복 탄력성이 낮은 사람이었다. 그동안의 삶의 방식에 따른 완벽주의, 실수를 용납하지 않는 프리랜서의 삶, 이런 것들을 생각해보면 실수를 인정하고 적극적으로 받아들이기보다 자책하거나 애써 억누르고 무시하려고 했던 것 같다. 실수는 나에게 절대 용납할 수 없는 두려운 것이었다. 그런 것들이 내 무의식에 계속해서 쌓여갔다면 아마 사회 생활하기가 꽤 힘들었을 것 같다는 생각도 든다. 그러나 나는 명상을 하면서 마음가짐을 바꾸기 시작하고 회복 탄력성을 기르기 시작하면서 힘든 생활을 더 잘 이겨냈다.

우리는 누구나 실패를 하고 온갖 어려움을 겪으며 살아간다. 때론 나에게만 세상 모든 불행이 다 오는 것 같이 힘들기도 하지만, 어찌 되었든 우리는 모두 이런 역경을 이겨내고 살아가고 있고, 또 살아가야 한다. 그것이 바로 이겨내는 힘, 회복 탄력성이다. 회복 탄력성을 높이기 위해서 가장 필요한 것은 긍정적 마음가짐이다. 긍정적 자세로 살아가는 사람은 스스로 행복을 느끼고 타인에게도 행복의 기운을 전해준다.

우리는 반드시 의식적으로라도 긍정적인 생각을 하고 행복해져야 한다. 우리는 의식보다 무의식의 지배를 훨씬 더 많이 받는다. 그런데 우리의 무의식은 긍정적인 것 보다 부정적인 것을 훨씬 더 빨리 그리고 많이 끌어당긴다. 이미 우리 내면에는 어린 시절부터 겹겹이 쌓여온 부정의 무의식이 존재하고 있다. 물론 자신이 알아차리기는 어려운 일이다. 무의식은 우리의 의식을 넘어 너무나 깊숙이 존재하기 때문에 그렇다. 이미 존재하고 있는 부정적인 무의식이 있는데 거기다 또 부정적인 무의식이 쌓인다면 긍정의 에너지는 절대 들어설 곳이 없어진다.

그러니 의식적으로라도 긍정적인 마음가짐을 가지고 행복을 느껴야 한다. 우리가 흔히 말하는 긍정적인 사람, 부정적인 사람은 무의식에 긍정과 부정이 많음에 따라 결정된다. 즉, 부정적인 사람은 부정적 정서가 뇌 깊숙한 곳에 각인되어 습관이 된 사람이라는 뜻이다. 우리가 흔히 이상한 말과 행동을 하고는 나도 모르게 무의식적으로 했다고 하는데, 그것이 바로 무의식에 각인되어 습관이 되었다는 뜻이다.

참으로 다행인 것은 우리가 운동으로 몸의 근육을 단련하듯이, 긍정적 마음 근육을 노력으로 키울 수 있다는 것이다. 마음 근육을 키운다는 것은 회복 탄력성을 높이는 것을 의미한다. 나를 행복으로 이끄는 모든 해답은 내 안에 있다. 행복은 자기 스스로 만들어나가야 한다. 행복을 위한 마음 근육을 키우기 위해 먼저, 긍정성을 단련해야 한다.

컵에 물이 반쯤 차 있을 때, '물이 반밖에 없네'라고 하는 사람이 있고, '물이 반이나 남아 있네'라고 말하는 사람이 있다는 것은 누구나 이미 잘 알고 있을 것이다. 이 말을 잘 생각해보면, 기준을 어디에 두는지의 관점에 따라 생각이 달라진다. 기준을 낮춘다면 '물이 반이나 남아있네'라고 말할 것이고, 기준을 높인다면 '물이 반밖에 없네'라고 말할 것이다. 물론 그러면 또 반박하는 사람이 있을 것이다. 사람이 발전하려면 높은 기준을 가져야 하지 않겠냐고. 물론 그것도 틀린 말은 아니다. 하지만, 기준을 높게 잡는 것이 나에게 스트레스를 줄지라도 나는 무조건 그렇게 하겠다고 한다면 행복은 어느 정도 포기해야 할 것이다.

나 또한 그랬다. 예전에는 높은 기준을 가지고 무조건 남보다 뛰어나야 하고 최고가 되어야 한다고 생각했다. 그러는 사이에 내 무의식은 나도 모르게 조금씩 병들어 갔는지도 모른다. 시간이 좀 지나고 나니 이제야 느낀다. 누군가와 비교를 하지 말고, 기준을 너무 높게 잡지도 말고, 내 마음이 너무 힘든 정도로 무언가를 하지는 말아야겠다고. 내 마음이 흔쾌히 받아주는 정도까지만 최선을 다하고 살자고. 결국 우리가 추구하는 기준에 따라 긍정적 사고가 형성되고 그것이 행복으로 이어진다.

단 한 명의 내 편만 있어도 괜찮아

　1954년 미국의 정신과 의사, 소아청소년과 의사, 심리학자, 사회복지사에 이르기까지 다양한 학자들은 하와이 카우아이섬에 도착하여 대규모 연구 프로젝트에 착수했다. 이 연구는 사회과학의 역사상 가장 야심 찬 연구 중 하나로 기록된 카우아이섬 종단 연구이다. 연구자들은 1955년에 카우아이섬에서 태어나는 모든 신생아 833명을 대상으로 해서 이들이 어른이 될 때까지 추적 조사했다. 열악한 사회경제적 환경 때문에 카우아이섬이 연구대상으로 선정되었다. 주민 대다수가 범죄자나 알코올 중독자 혹은 정신질환자였던 곳이다. 한 인간이 태어나서 겪을 수 있는 불운이 모두 모여 있는 곳이나 마찬가지였다. 그리고 그 섬에서 태어난 대부분의 아이는 성인이 되어서도 계속 그 섬에서 살아간다.

　이 연구 분석에 주도적 역할을 한 심리학자 에미 워너는 전체 833명 중 가장 열악한 환경에서 자란 201명을 추려냈다. '고위험군'이라 불리는 이

201명을 분석해 보니 3분의 1인 72명은 출생과 환경의 영향을 받지 않고 훌륭한 청년으로 성장했다. 이 사실은 에미 워너 교수에게 큰 숙제와 같은 풀기 어려운 의문을 제기했다. 어려운 환경 속에서도 아이들이 훌륭하게 성장할 수 있었던 비밀은 과연 무엇일까? 그 당시 연구자들은 이 질문에 뚜렷한 답을 내놓을 수 없었다. 그런데 놀라운 결과를 만들어 낸 비밀은 단순했다. 어떤 상황에서도 그를 무조건 믿고 편이 되어주고 응원해주는 사람이 한 사람만 있으면 아무리 끔찍한 일도 견디고 밝고 건강한 사회인으로 클 수 있었다는 것이다. 이 아이들에게는 오직 내 편 한 명이 바로 '회복 탄력성' 역할을 해주었다. 그 오직 내 편 한 명으로부터 사랑을 받고 있다고 느낀 아이들은 역경 속에서도 꿋꿋이 좌절하지 않고 잘 성장해 나갔던 것이다.

　책에도 언급했지만, 나는 몸무게 미달로 태어나자 마자 인큐베이터에서 배양되어 나와서인지 모르겠지만 몸이 좀 약한 편이었다. 그렇게 어린 시절 병치레가 잦았던 나는 환절기 때 특히 더 힘들었다. 봄볕이 온 세상을 비추고, 꽃이 만발하는데 나가서 친구들과 뛰어놀지 못하니까 나 혼자만 아픈 것만 같아서 더 서러웠다. 어린 나이에 자주 병원을 가는 것이 익숙해지기도 했지만 서러운 마음은 더 컸던 것 같다. 어린 나이에도 나는 과일을 좋아해서 그렇게 아프고 입맛이 없을 때도 나는 과일만큼은 꼭 먹고 싶었다. 그렇게 과일이 먹고 싶다고 하면, 부모님은 일을 마치고 집으로 오실 때 제철이 아니라서 구하기 힘들 때도 어떻게 해서든 사서 오셨다. 지금 생각해보면 그 시절에 쉽지 않은 일이었다. 지금이야 사시사철 먹고 싶은 과일을 구하기가 어렵지 않지만, 내가 어릴 땐 몹시 어려운 일이었다. 성인이 되어 독립해서 과일을 내 손으로 직접 사 먹기 시작하면서 그때의 일을 떠올리며 부모님의 무한한 사랑을 깨닫게 되었다. 그렇게 나는 부모님의 사랑으로 아픔을 이겨내며 자랐고, 또한 성인이 되어서도 사회 속에서 겪는 온갖 어려움을 어린 시절에 사랑받았던 기억으로 극복해 낼 수 있었다. 나의 무의식 속에는 부모님의 사랑이 깊숙이 자리하고 있는 것이 틀림없다. 모든 극복의 근본도 행복의 근본도 바로 '사랑'이다.

이 연구는 사랑이 중요하다는 것을 보여주는 것은 맞지만, 어릴 때 사랑을 받지 못한다면 회복 탄력성이 낮고 그 상태로 평생을 살아가야 한다는 것을 의미하는 것은 결코 아니다. 앞서 얘기한 것처럼 우리는 긍정적 사고로 마음 근육을 단련시키면 얼마든지 회복 탄력성을 높일 수 있다. 아이는 스스로 마음 근육을 단련시키는 것이 아니라 외부로부터 영향을 받는 것이지만, 성인은 얼마든지 마음만 먹으면 의지를 갖추고 마음 근육을 단련시켜서 회복 탄력성을 높일 수 있다. 물론, 나는 어릴 때 사랑을 받지 못했으니 안될 거라고 부정적으로 생각한다면 당연히 안 될 것이다. 회복 탄력성 향상의 기초는 긍정적 사고이니까.

"고생 끝에 낙이 온다." 과연 올까?

　내가 중고등학교에 다닐 때는 나뿐만 아니라 주변 모든 친구가 '고진감래'의 뜻과 비슷한 사자성어나 글귀를 책상에 붙여놓고 노트에 크게 적어가며 자신을 위로하고 힘든 시기를 견뎌냈다. '대학 갈 때까지만 참자! 대학만 가면 내 인생은 봄날이야.'라고 생각하면서 우리는 참고 또 참았다. 대학생이 되면 다들 일단 행복을 느끼긴 한다. 그러나 이 행복감은 공부의 스트레스가 없어진 틈에서 오는 소극적인 행복감이다. 적극적 의미의 행복과는 분명 다른 것이다.

　대학에 진학한 아이들은 행복을 제대로 느낄 틈도 없이 좋은 직장에 들어가기 위한 치열한 경쟁의 세계에 다시 돌입한다. 일명 '스펙'을 쌓기 위해 학점관리를 하고 외국어 공부를 하고 각종 자격증을 따기 위해 다시 스트레스를 받기 시작한다. 이번엔 취직 후의 행복을 위해서 또다시 참는다.

인생의 봄날은 그렇게 계속 멀어져만 가고 나이는 어김없이 들어간다. 취직되면 과연 행복할까? 물론 대학에 합격했을 때처럼 잠깐은 기쁘고 행복할 것이다. 그러나 경쟁은 기다렸다는 듯이 또다시 시작된다. 이번 행복의 목표는 승진이다. 남보다 조금이라도 앞서 나가고 인사고과에서 조금이라도 더 나은 점수를 받기 위해 또다시 인내의 고통속으로 들어간다. 그러면서 어느새 나이는 들고, 정작 단 열매는 보기라도 했나? 싶은 씁쓸한 인생만 계속된다. 우리 대부분은 마치 약속이나 한 듯이 이렇게 비슷하게 살아가고 있다. 마치 인생의 공식인 것처럼. 앞으로는 삶에 있어 어떤 변화가 있을지 모르지만, 적어도 지금은 대부분이 이렇게 살아가고 있다.

우리나라는 모두가 비슷한 인생 공식을 따라가고 있는 듯하다. 그런데 문제는 그 공식이 행복을 보장해주지 않는다는 것이다. 그런데도 왜 그렇게 남들의 기준을 따라서 살려고 하는 것일까? 내 방식대로 가면 무조건 실패할 것이라는 신념이라도 있는 것일까?

심리학자 알프레드 아들러는 "인간은 사회적 관심을 가지고 태어난다"고 했다. 아들러의 이론 중 가장 중요하고 독특한 개념이 바로 '사회적 관심'이다. "인간은 선천적으로 사회적 존재, 사회적 관심을 지닌 존재다. 우리가 사는 현재는 인류를 위한 의미 있는 미래를 위한 것이며, 인간은 기꺼이 타인의 행복을 위해서 헌신한다. 사회적 관심을 지닌 인간은, 인간 그 존재 가치의 소중함을 알며 타인에 대해 공감하는 능력을 갖추고 있다. "사회적 관심을 가진 인간은 다른 사람의 눈으로 보고, 다른 사람의 귀로 듣고, 다른 사람의 마음으로 느낀다."라고 아들러는 말했다.

이렇듯 우리의 모든 기준은 나에게 있는 것이 아니라 남에게 있는 것이다. 내가 되고자 하는 내가 아니라 남의 눈에 비친 내 모습을 형성해 나가려고 하는 것이다. 이런 심리는 개개인만의 문제가 아니라 인간 전체의 공통된 심리적 특성이다. 우리는 어쩌면 태어나면서 죽을 때까지 사회와 나를 따로 분리해서 이해하기는 힘들 것이다. 산속 깊숙이 들어가서 자급자족 생활을 하지 않는 한. 그러나 인간이 사회와 분리될 수 없기에 그것으로 인한 괴로움도 생기고 동시에 타인을 위해 기꺼이 나를 희생하기도 하는 인류애가 생기기도 하는 것이다. 이러한 측면에서 보자면 우리의 행복과 성공은 대개 사회적 유대와 연관되어 있다. 그러나 그것이 아무리 인간 본연의 특성이라고 하더라도 결국은 내가 행복한 것이 가장 중요하다.

십여 년 전 나의 선배 한 명은 우리나라 최고의 대기업에 다니면서도 행복하지 않아서 너무 고민이라고 했다. 처음 입사할 때는 부모님께서 매우 자랑스러워하셨고 남들이 부러워하니 당연히 본인 자신도 만족하는 줄 알았다고 했다. 그래서 내린 결론은, 퇴사하고 바리스타를 해야겠다는 것이었다. 그냥 하는 말이 아닌 정말 진지해 보였다. 물론 카페를 차려서 영업하지만, 영업보다는 자기가 좋아하는 커피 연구를 하며 살겠다는 것이다. 나는 정말이지 속으로 배부른 소리 하고 있다고 생각했다. 그 당시의 나는 최고가 되고 싶어 안달이 나 있었으니, 어찌 그 말에 공감할 수 있었겠는가. '40대가 되면 저렇게 되나? 아니면 저 사람의 개인적인 문제인가? 나는 40대가 되어도 절대 저런 마음은 생기지 않을 거다.'라고 생각했다. 그러나, 고생 끝에 낙이 올 것이라고 굳게 믿으며 인생의 쓴맛을 한가득 맛본 지금의 나는 그 마음이 백 번도 더 공감이 간다. 역시 인생은 함부로 말할 게 못 된다. 살아봐야 안다.

소통과 공감 대화

　소통능력은 상대의 호감을 끌어내는 대화 기술이다. 말만 번지르르하게 잘해서는 절대 소통능력이 좋다고 할 수는 없다. 비록 말을 잘하지는 않더라도 상대에게 호감을 준다면 그 사람은 소통능력이 뛰어난 사람이다. 소통능력은 단순한 말솜씨가 아니라 상대에 대한 배려가 있어야 하며, 단순 메시지 전달보다는 어떠한 공통의 경험을 상대와 나누는 것이 곧 소통이다. 즉 서로 통하는 것이 있을 때 소통을 하는 것이다.

　공감 능력은 다른 사람의 심리나 감정 상태를 잘 읽어낼 수 있는 능력을 말한다. 우리가 드라마에서 슬픈 장면을 보면서 같이 눈물을 흘리며 슬퍼하는 것은 공감하는 마음이 들기 때문이다. 이러한 공감 능력은 다른 사람의 기분을 같이 느끼고 상대의 상황을 이해할 수 있는 능력을 말한다. 공감 능력은 적극적인 듣기나 표정 따라 하기 등의 훈련을 통해서 증진할 수 있다. 소통과 공감의 둘 다의 기본은 상대를 이해하고자 하는 마음이다. 남을 사랑하는 마음 역시 이해심에서 시작된다. 공감을 위해서 꼭 필요한 능력은 상대방의 입장을 헤아릴 수 있는 역지사지의 능력이다. 태도를 바꿔서 상대방의 입장에서 사물을 바라볼 수 있는 능력은 소통과 공감 그리고 인간관계를 위한 가장 기본적인 능력이다.

10여 년 전 내가 프리랜서 생활을 하던 중간에 입사했던 회사에서 있었던 일이다. 나는 회장님 업무전담 비서이자 비서실 팀장이었고, 내 부하직원이 2명 있었다. 회장님 외 모든 임원분의 비서 일은 부하 직원 2명이 맡고 있었다. 전무님 한 분이 내 부하직원 비서에게 하도 차 심부름을 많이 시키셔서 서로 간에 트러블이 너무 많았고, 그 사이에서 견디기가 내가 가장 힘들었다. 처음부터 그런 건 아니었지만 서로 감정이 쌓이다 보니 나중엔 죽일 듯이 서로를 괴롭히는 게 누가 봐도 보였다. 내 부하 직원이니 당연히 나에게 하소연했고, 전무님은 또 비서실의 일이다 보니 비서실 책임을 지고 있는 나에게 말씀하시는 것이 당연하셨다. 어쨌든 나도 너무 괴로웠기 때문에 많은 날을 고민하다 해결을 하자 싶어서, 전무님께 정중히 말씀드리면서 아량을 베풀어 주시기를 부탁드렸다. "딸자식 같은 아이가 새벽같이 일어나서 한 시간 이상 걸려 출근해서 힘들게 벌어 먹고살아보겠다고 나름 애쓰지 않습니까? 또 갓 대학 졸업하고 첫 직장이니 뭘 알겠어요. 전무님." 하고 볼멘소리를 했었다.

즉 서로의 입장을 조금씩만 이해하고 따뜻한 마음으로 보듬어 달라는 요청을 했다. 서로의 이야기를 들어보니 충분히 이해가 갔다. 하지만 서로 소통을 하려고 하지 않았기 때문에 갈등은 깊어져만 갔다. 누구나 대화를 해 보면 즉, 소통해보면 공감할 수 있고 더 나아가 사랑의 마음도 생겨나는 것이다. 가정에서든 사회에서든 우리는 상대와 소통하려고 노력하고, 공감해 줄 수 있는 열린 자세가 필요하다.

　나는 종종 소통과 공감에 대한 질문을 받는다. 늘 강사로서의 교과서적인 비슷한 답변을 해주다가 어느 날 곰곰이 생각을 해봤다. 소통과 공감은 과연 상대방 위주의 대화일까? 우리는 늘 소통과 공감에 대해 말을 할 때는 상대를 이해하고, 상대를 배려하고, 상대의 기준에서 무언가를 하는 것으로 정의해왔다.

　어느 날, 한 후배가 고민을 얘기했다. "선배, 아무리 소통과 공감을 실천하려고 해도 내가 우울하고 밝지 못하니까 상대에게 받아들여지지 않는 것 같아요."라고. 나는 그 말을 듣고는 순간 말문이 막히고, 여러 가지 생각들이 스쳐 지나갔다. 이어서 또 후배는, "애써 밝은 척 하면서 상대의 말에 진심으로 공감을 해줬는데, 제가 없는 자리에서는 저보고 썩소를 날린다고 욕을 하는 거예요... 저 정말 너무 힘들어요."라고 했다.

　그렇다. 우리는 소통과 공감이라는 말을 수없이 들어왔다. 그리고 실천하기가 만만치 않다고 느끼는 사람들도 꽤 많다. 타인과의 소통과 공감을 잘하기 위해서는 먼저 자신 스스로가 행복해져야 한다. 행복한 사람은 긍정의 에너지를 가지고 있고, 또한, 긍정의 에너지는 타인에게도 잘 전파되고 긍정의 효과를 낸다. 즉, 긍정의 에너지를 가진 사람은 굳이 애쓰지 않아도 저절로 어느 정도의 소통과 공감이 되는 것이다.

　"박 과장님, 안녕하세요? 좋은 아침입니다."라고 긍정의 에너지를 가진 사람이 밝은 미소로 상사에게 인사를 한다. 그랬더니, "응, 김 대리도 좋은 아침! 그런데 무슨 좋은 일 있어?"라고 물어본다. 김 대리는 아무 좋은 일이 없다. 그냥 밝은 것이다. 그러나 긍정의 에너지 하나로 타인에게도 좋은 기운을 주고 본인은 더 좋은 기운을 되돌려 받는다.

어떤가? 소통과 공감을 잘하는 사람이 되겠다며, SNS에서 열심히 찾아서 애써 교과서적인 멘트를 날리는 사람보다, 스스로가 행복감을 느끼고 긍정의 에너지를 내뿜는다면 그것이 더 좋은 소통과 공감이 아니겠는가?

그러면, 이쯤에서 분명 궁금해하는 사람이 있을 것이다. 소통과 공감은 항상 밝은 상황에서만 필요한 것이 아니라 그 반대의 경우에서 더 많이 필요한데, 그때는 별로 소용이 없지 않으냐고. 스스로가 행복감을 느끼는 사람은 늘 부정적인 사람보다 훨씬 더 자신의 내면이 단단한 사람인 경우가 대부분이다. 늘 아무 생각 없이 해맑은 사람과는 분명히 다르다. 행복감이 높은 사람은 내면이 그만큼 단단하고, 자기 확신이 있어서 쉽게 흔들리지도 않는다.

앞서 행복이 왜 중요한가? 에서도 밝힌 것처럼, 행복감을 느끼고, 긍정적 감정이 높은 직장인일수록 동료와 협업을 잘하고, 업무 참여도가 높다. 그리고 불안이나 우울 같은 부정적 감정은 우리를 더 자기중심적으로 만드는 반면, 긍정적 감정은 자신도 행복할 뿐만 아니라 타인과 더 생산적인 방식으로 교감할 수 있게 해준다. 이것이 곧 소통과 공감을 잘하는 것이다.

우리는 이제 살아가면서 타인과의 관계를 연구하고 생각하기 전에, 먼저 자기 자신의 내면의 힘을 키우고, 스스로 행복해지고, 긍정적 에너지를 전파하는 사람이 되도록 노력해 보자. 소통과 공감의 근원은 자신의 행복감이다.

마지막으로 우리가 종종 잘못하고 있는 소통 방식을 살펴보자. 상사는 부하직원에게, 부모는 자식에게 또는 친구가 친구에게 소통 하겠다며 대화를 요청하지만, 그 본질은 상대를 바꾸려고 할 때가 있다. 아무리 말투를 부드럽게 하는 척하고, 상대를 위하는 척하지만, 진정성이 없는 대화를 상대는 반드시 알아채고 만다. 그것이 바로 인간의 위대함인데 어쩌란 말인가. 진정성을 느낄 수 있는 것은 인간만의 고유한 능력이다. 진정성이 없다면 알파고와 무슨 차이가 있겠는가? 소통의 근원에는 반드시 진정성이 있어야 한다.

진정성을 가지고 상대방을 바꾸라는 뜻이 아니다. 진정성을 가지고 상대의 입장을 헤아리면서 대화를 하라는 뜻이다. 바꾸려는 의도는 절대 상대를 변화시킬 수 없다. 상대가 대화를 통해 진정성을 느낀다면 스스로 바뀔 것이다.

말로만 하는 소통?

미국인 친구 한 명이 어느 날 나에게 질문을 했다. "한국에서는 눈치코치가 있어야 한다는데, 무슨 말이야?"라고. 나는 속으로 어디서 저런 말을 배워오나 싶을 정도로 외국인 친구들은 한국적인 표현을 잘도 배워서 온다. 눈치는 분위기 파악을 잘하고, 남의 마음을 빠르게 알아차리는 능력이다. 말의 뜻에서 알 수 있듯이 완전히 자신을 배제한 타인의 마음과 태도를 살피는 행위이다. 한국문화는 눈치 문화다.라는 말이 있을 정도이니 한국인들은 얼마나 남을 신경 쓰면서 사는지 짐작이 간다. 이 정도 되면 한국은 전 세계에서 인간관계가 가장 힘든 나라라고 할 수 있을 정도이다.

우리는 회사 생활을 할 때, 아침에 출근하면서 상사들의 표정을 보며 기분이 좋은지 아닌지 눈치를 채야 하고, "안녕하세요?"하고 건네는 인사말에 대한 대답을 듣고는 상대의 기분을 신경 써야 하고, 회의 시간에는 상사 눈치를 봐가면서 발언을 해야 한다. 또한, 식사할 때는 어떠한가? 상사가 "먹고 싶은거 골라!" 하며, 자장면을 시키는데, 내가 어떻게 감히 눈치 없이 잡채밥을 시킬 수 있단 말인가? 지금은 그런 시대가 아니라고 말을 할지 몰라도 어쨌든 내가 회사 생활을 할 때는 그랬다. 온종일 사람들의 눈치를 보면서 산다고 해도 과언이 아니다.

한국은 고맥락(high context) 문화이다. 고맥락 문화에서는 말보다는 말을 하는 맥락 또는 상황을 중요하게 여겨 상대방의 뜻을 미루어 짐작할 수 있어야 한다. 미루어 짐작해야 하니 그야말로 눈치 문화이다. 반대로 저맥락(low context) 문화에서는 생각을 말로 그대로 표현하기 때문에 맥락 또는 상황이 덜 중요하다. 고맥락 문화국가는 한국, 일본, 중국과 같은 한자 문화권에 속한 동아시아국가와 라틴아메리카, 아프리카, 아랍권 국가 등이 해당하며, 저맥락 국가는 주로 다인종·다민족으로 구성된 미국, 캐나다와 영국, 독일, 스위스, 호주 등이 대표적이다.

고맥락 문화에서는 말 이외의 메시지를 잘 간파해야 한다. 특히 비즈니스를 할 때 상대의 말만 곧이곧대로 다 받아들였다가는 결국 상대에게 끌려갈 수밖에 없다. 고맥락 문화에서는 말이 명시적이지 않고 함축적이어서 많은 것을 담고 있으며 말 이외의 메시지도 잘 간파해야 한다. 즉, 상대의 말에서 많은 것을 유추할 수 있는 능력이 필요하다. 그러다 보니 고맥락 문화권에서는 사람들 간의 대화가 다소 적고, 저맥락 문화권에서는 당연히 사람들 간의 대화가 많을 수밖에 없다.

이렇게 고맥락 문화권에서처럼 말로 모든 것을 다 표현하지 않는 상황에서 반드시 알아야 할 것이 있다. 바로 말투, 눈빛, 태도 등이다. 연구 결과에 따르면, 소통에서 말이 차지하는 비중은 7%밖에 되지 않는다. 비언어적 소통(non-verbal communication)이 93%나 차지한다. 믿기지 않겠지만 의사소통에서는 언어적 소통보다 비언어적 소통이 훨씬 더 많은 비중을 차지하며 중요하다. 한국과 같은 고맥락 문화에서는 더욱이 비언어적 소통이 중요하다.

상대방의 비언어적 표현을 보면 심리를 알 수 있다. 이 경우는 각 나라에서 쓰는 제스처를 사용할 때보다 무의식중에 하게 되는 행동을 통해서 가능하다. 대화할 때 팔짱을 끼는 것은 무의식적으로 방어를 하고 있거나 자신의 의견이 분명하고, 상대의 말에 반박하기를 기다리고 있는 표현이다. 상대가 먼 곳을 바라본다면 무언가 딴생각을 하고 있으며, 집중하지 않거나 관심이 없다는 의미다. 공격적인 말투로 말한다면 자기방어적인 심리상태가 포함된 것이다. 말을 들으면서 몸을 앞으로 내민다는 것은 말에 집중하고 흥미가 있다는 의미다. 정리가 안 되게 장황하게 이야기한다면 자의식이 강하고 자신의 주장을 고집하는 편이므로 상대방의 이야기를 잘 요약해서 핵심을 정리해 주면서 대화를 이끌어 가는 것이 좋다.

이렇듯 소통은 말로만 하는 것이 아니다. 대화의 기술보다 진정성 있는 자세가 중요하다. 대화에 있어서 사람의 마음가짐은 반드시 드러나기 마련이다. 아무리 훌륭한 말솜씨로 포장한다고 해도 마음가짐은 말 이외의 비언어적 표현으로 드러날 수밖에 없다.

실패는 반드시 필요한 원동력이다

"나는 실패했다고 생각하지 않아요, 그만큼 성공을 위한 밑거름을 마련한 거라고 봅니다." 내가 실패를 경험할 때마다 했던 말이다. 너무 뻔한 얘기 아니냐고 시시하다고 할지 모르겠지만, 사실 이렇게라도 자신을 위로해야 좌절하지 않고 버틸 수 있었다. 인간에게 가장 중요한 욕구 중 하나는 '인정의 욕구'이다. 아이도 어른도 누구나 자기 존재를 인정받고 싶어하고 인정받지 못하면 삶을 포기하고 싶을 정도로 인정은 한 개인에게 큰 영향력을 미친다. 따라서 우리가 성공이 아닌 실패를 했을 때는 인정을 받지 못하므로 스스로 좌절감을 느끼며 '루저'라고 자책한다. 그러나 인생에 실패가 없기를 바라는 것은 내 존재를 부정하는 것과 마찬가지로 힘든 일이다. 그 실패를 적절히 잘 활용해서 성공을 향한 밑거름으로 써야만 한다.

내가 IT분야 전문 프레젠터가 되어서 대기업의 기술 프레젠테이션을 맡기까지 실패도 좌절도 무수히 많았다. 내가 처음 영어 프레젠터의 길에 발을 들였을 때는 좀 이른 나이인 20대 초반이었다. 한 공기업의 콘퍼런스에서 일을 하게 되었는데, 나와 다른 멤버 2명이 더 있었다. 나보다는 4~5살이 많은 선배였다. 그들은 이미 경력이 많았으니 나보다 훨씬 잘하는 것이 당연하지만 리허설을 할 때 내가 그들보다 못한다는 것을 인지했을 때는 너무 자존심이 상했다. 어린 나이에 마음공부도 되어있지 않았고 사회생활도 부족하고 대인관계에도 능숙하지 못했던 때라서 선배들은 내 얼굴을 보고는 내 마음을 다 읽어버렸다. 아니 그들이 읽기 전에 이미 다 들켜버린 것이었다. 선배들은 "제니, 괜찮아! 처음엔 다 그렇게 해서 배우는 거야, 처음부터 다 잘할 순 없는 거니까!"라고 교과서적인 말로 나를 위로해 주었다. 선배에게는 미안하지만, 그 교과서적인 말은 나에게 별 감흥을 주지는 못했다. 사실 나를 격려해 주는 말에 고마워해야 하는데, 나는 그 말이 더 자존심 상했다. 지금 생각해보면 그땐 참 어지간히도 자존심은 셌다.

나는 그날부터 나를 바꿔 나가기 시작했다. 그 분야에서 최고가 되어야겠다고 마음먹었다. 일이 끝나면 같이 일했던 멤버들이 모두 저녁 먹고 수다 떨러 가는데, 나는 무조건 집으로 가서 나에게 필요한 공부를 찾아서 했다. 책을 읽고, 인터넷에서 관련 지식은 다 검색해서 정리하고 외웠다. 그리고 일을 시작하기 전에 받는 참고자료나 교육자료는 무조건 다 외워버렸다. 그때는 내가 가장 하고 싶은 것, 행복을 느끼는 것은 최고가 되는 것이었기에 오직 그것에만 몰두했다. 그렇게 노력해서 삼성 와이브로(Wibro) 시연과 이어서 부산 APEC 전시, 바르셀로나 MWC 등 수많은 최첨단 기술 쇼와 IT 콘퍼런스에서 일을 할 수 있었다. 그렇게 해서 프레젠테이션 뿐만 아니라 강의와 행사 진행 등 총 1,000회 이상을 국내외에서 진행했다.

나는 일을 하면서 늘 떠올리는 말이 있다.

"One important key is self-confidence. An important key to self-confidence is preparation."

"성공의 중요한 열쇠는 자신감이고, 자신감의 중요한 열쇠는 엄청난 준비이다."

앞서 말했던 '삼성 4G 포럼 2005'행사에서 '핸드오버' 구현을 성공리에 마친 것은 매우 운이 좋았다. 그 당시에는 기술 개발의 초기였으므로, 시연에서 인터넷 접속이 끊김 없이 완벽하게 진행이 되었다는 것은 정말 온 우주의 행운이 나에게 왔다고 해도 과언이 아니었다. 그런데 그 행운이라는 것은 그냥 우연히 온 것이 아니라, 충분히 준비된 자에게만 온다는 것을 나는 실감했다.

나는 일을 준비할 때 사람들이 상상 못 할 정도로 노력한다. 행사 전 열흘 정도는 밥 먹는 시간, 잠자는 시간 외에는 종일 대본을 외우고 녹음을 하면서 실전처럼 연습한다. 심지어는 꿈에서도 한다. 그 어떤 예상치 못한 경우가 닥치더라도 다 해낼 만큼 준비하고 또 한다. 물론 외우기 전에는 내용을 충분히 이해하고 외운다. 그래야 소위 애드립이라는 것도 가능하다. 그 누구도 아닌 나 스스로가 충분히 만족할 만큼 준비해야 한다. 충분한 준비로 내면의 자신감이 생기면 그 어떤 것도 두렵지 않다. 이것은 분명한 사실이다. 다만, 만약 충분히 준비했는데도 두렵다면 그것은 준비가 덜 된 것이다. 30번을 연습해도 떨린다면, 50번 100번 이상이라도 해야 한다. 그리고 마지막으로, 충분히 준비된 자에게는 행운도 따른다는 것이다.

지금은 행복의 기준이 다소 바뀌었지만, 그 시절의 나의 행복은 아마도 인정을 받는 것이었나 보다. 우리가 모두 성공을 위한 실패를 잘 활용하려면 먼저 자기 자신에 대한 확신이 있어야 한다. 그렇지 않으면 실패를 활용하기보다 그 실패가 오히려 트라우마가 되어서 성공의 길을 방해할 수가 있다. 실패가 너무 큰 충격으로 다가오면 무의식에 저장되고 그 비슷한 상황에서는 어김없이 그 무의식이 방해꾼으로 나타날 것이다. 무의식에 저장되느냐 아니냐는 스스로가 실패를 어떻게 받아들이는지에 달려있다. 앞에서도 언급한 적이 있지만, 우리 무의식은 부정적인 것을 더 잘 흡수한다.

　인간은 살아가면서 계속해서 발전해 나가야 하는 존재이다. 그것이 인간에게 자유의지가 주어진 이유이다. 실패는 하면 할수록 발전의 밑거름이 되는 것이 자명하다. 다만, 자기 자신에 대한 확신이 없는 사람은 실패할수록 좌절감만 쌓여갈 것이다. 실패를 발전의 밑거름으로 쓰느냐 아니냐는 오롯이 본인의 의지, 즉 자유의지에 달려있다. 실패를 경험하더라도 '실패, 그까짓 것 뭐' 이런 정도로 훌훌 털어버리고 한 걸음 더 발전할 수 있는 자유의지를 발휘해보자.

행복을 위한 변화

　나는 태어날 때 몸무게 미달이었다. 이른둥이는 아니었고 몸무게가 2.2kg이어서 병원 인큐베이터에서 한 달 동안 배양되어서 나왔다. 그래서 그런지 아무래도 어릴 때부터 몸이 좀 약했다. 몸이 약해서인지 성격도 좀 예민한 편이었다.

　신경 심장학이라는 학문에 따르면 심장과 뇌는 서로 정보를 밀접하게 주고받으며 소통을 한다. 두뇌의 판단에 따라 심장박동수가 달라지기도 하지만 심장에서 보내는 특정 신호가 감정이나 인지 능력에 영향을 미치기도 한다. 신경질적이고 짜증을 많이 내는 사람은 심장이 약해서 심장의 박동수가 불규칙하기 때문인 경우도 많다. 즉 화가 나서 심장박동수가 불규칙하기보다 불규칙한 심장박동수가 그 사람을 불안하고 짜증 나게 만들 수도 있다는 것이다.

　수많은 통계가 화를 잘 내는 사람이 심장병에 걸릴 확률이 높다는 사실을 보여준다. 그러나 꼭 화를 잘 내서 심장에 이상이 생긴다고만 볼 수는 없다. 신경 심장학에 따라서 본다면 심장이 약해서 예민하고 화를 잘 내고 부정적 감정에 쉽게 휩싸이는 것이다. 심장 박동과 감정의 연관성을 독자들은 어떻게 볼 것인지는 모르겠지만, 나에게 있어서는 딱 들어맞는 것 같다는 생각이 든다. 태어나자마자 인큐베이터에서 자라서 나온 나는 심장이 좀 약한 편이어서 어머님께서 어릴 때 나에게 수영을 배우게 하셨다. 수영 외에도 여러 가지 운동을 많이 했고, 다행히 자라면서는 건강해졌지만, 내가 스스로 생각해도 어릴 때부터 남들보다는 좀 예민한 성격이었던 것은 심장이 약해서인 것 같다.

내 성격을 내가 잘 알고 있었기 때문에 나는 10여 년 전부터 명상과 호흡 수련을 했다. 매일 자기전이나 휴식을 취할 때 명상이나 호흡 수련을 했는데, 확실히 예민한 성격이 많이 개선되었고, 몸도 마음도 아주 건강해졌다. 명상과 호흡 수련을 늘 습관처럼 생활화했다. 큰 행사 진행이나 대규모 프로젝트의 프레젠테이션을 시작하기 전에도 항상 습관처럼 심호흡을 몇 번 크게 하고는, 눈 방긋 입 미소의 표정으로 당당하게 무대에 오르곤 했다. 물론 웃고 있지만, 남들이 눈치채지 못하게 적당히 떨고 있기도 했다.

마음 챙김 명상

　나는 10여 년 전 나 자신의 정신 건강을 위해서 우연한 기회에 명상을 시작하게 되었고, 그때만 해도 우리나라에서는 명상에 대해 많은 사람이 잘 모르고 있었다. 몇몇 사람들은 명상에 대해 부정적인 시각으로 보기도 했고, 심지어는 "명상? 그거 해서 뭐 하려고, 공중부양하게?" 이러는 친구들도 있었다. 그러나 지금은 마음 챙김 명상은 우리의 생활 속에 깊이 들어 와있다. 출가자들처럼 본격적인 수행을 하자는 것은 아니다. 일상생활을 하면서 뜻만 있다면 마음 챙김 명상은 어렵지 않게 할 수 있다. 무엇보다도 마음 챙김 명상은 행복을 향해 가는 길이며, 나를 살리는 길이다.

　나는 소크라테스의 "Know Yourself" 즉 "너 자신을 알라"고 하는 말을 강의를 진행할 때 자주 사용하곤 했고, 개인적으로 참 좋아하는 말이다. 많은 사람이 이 말을 수없이 들어왔을 것이다. 자기 자신을 알기가 그만큼 어려우므로 많은 사람이 자주 강조하여 쓰는 것이다. 이 말처럼 사람이 자기 자신을 안다면 현명하게 행복을 추구하면서 살아갈 수 있을 것이다. 그런데 우리는 이 말을 자주 듣기는 하지만, 대부분 사람은 자기 자신을 알 방법을 모른 채 살아가고 있다.

자기 자신을 알고 지치고 힘든 마음을 쉬게 하는 가장 손쉬운 방법은 마음 챙김 명상을 하는 것이다. 마음 챙김 명상은 특정한 방식으로 주의를 집중하는 것이다. 내 생각과 욕구를 개입시키지 않고 주의를 기울이는 것으로 '오직 바라보기'라고도 표현한다. 이렇게 집중을 하다 보면 매 순간순간을 놓치지 않고, 더 큰 알아차림과 지혜를 얻게 된다. 우리 대부분은 매 순간순간 제대로 집중하지 못하고 살아가고 있다. 그러다 보면 삶에서 소중한 것들을 놓치게 되고 자신의 무한한 가능성 또한 깨닫지 못하게 된다. 의학계의 발표에 따르면 마음 챙김 명상은 스트레스를 완화하고 회복 탄력성을 높여주고 원만한 대인관계 증진에 효과가 있다고 한다.

나 또한 명상을 통해서 집중력과 자신감을 얻었다. 나는 행사 MC를 맡아서 진행할 때, 프레젠테이션 또는 강의를 할 때, 시선은 정면을 두루두루 천천히 응시하면서 동시에 스피커를 통해 흘러나오는 내 목소리에 온전히 집중하여 들으면서, 말의 속도와 목소리 톤을 조절한다. 보통 영어 MC 또는 영어 프레젠테이션을 진행할 때는 더욱더 고도의 집중력을 필요로 하는데, 나는 영어와 한국어의 완벽한 이중 언어 사용자(bilingual person)가 아니기 때문에 더욱더 집중해서 실수 없이 진행해야 했고, 에너지를 많이 쓰는 힘든 일이었다. 초보 진행자들은 대부분 공통적으로 청중 앞에서 마이크를 쓰면 긴장해서 호흡이 빨라지고 그러면 말이 빨라진다. 나 또한 초보 때는 그랬다. 그러다 경험이 쌓일수록 긴장감이 없어지고 여유가 생기면, 자신에 대한 집중력이 좋아지면서 비로소 자기 목소리가 들리기 시작하고 말의 속도를 조절할 수 있게 된다.

나의 경우는 명상으로 인해 남들보다 빨리 마이크를 쓰면서도 긴장을 덜 하고 내 목소리에 집중하는 것에 익숙해진 것 같다. 특히 나의 경우 청중은 눈치채지 못할 정도의 아주 작은 실수라도 한번 하게 되면, 그때부터 당황하는 게 아니라 오히려 더 정신을 집중해서 내 목소리를 듣는다. 그러면 그때부터 초고도의 집중을 할 수 있게 되고 동시에 현재의 순간이 마치 확장되는 듯이 마음에 평안함이 찾아오면서, 더 이상의 실수는 없고 완벽하게 진행할 수 있게 된다.

그리고 명상을 오래 할수록 집중력에는 반드시 차이가 있었다. 초고도의 집중을 하면 외부 현상계가 더 느리게, 마치 슬로우 모션처럼 느껴지면서, 내면에서는 더 여유가 확장되면서 노련한 진행이 가능해진다. 이것은 마치 메트릭스 영화에서 네오가 총알을 슬로우모션처럼 피하는 그런 느낌이다. 이것은 내가 적당한 속도로 느리지 않게 실제 멘트를 하고 있지만, 내가 집중함으로 인해 내부 감각으로 느껴지는 것이 마치 슬로우모션 같다는 뜻이다. 청중은 느끼지 못하고 오로지 나 자신만 내면의 세계를 느끼는 것이다.

스트레스와 명상

한국에서 직장 생활을 하는 외국인 친구가 한 명 있었다. 몇 년 전, 그 친구가 한 말이 떠오른다. 한국 사람들은 참 신기한 면이 있다고 했다. 회사에서 동료들을 보니, 몸이 아무리 아파도 좀처럼 조퇴를 하거나 결근을 하지 않고 힘겹게 버티더라는 것이다. 당연히 몸이 아프면 치료도 하고, 약도 먹고 휴식을 취해야 하는데 그렇게 하지 않는 것이 너무 이해되지 않았다는 것이다. 미국에서는 그렇게 하지 않는다고 했다. 그런데 그것보다 더 이해가 안 가는 것이 기분이 나쁘고 스트레스가 심하다고 조퇴를 하더라는 것이다. 물론 외국인의 표현이다 보니 적절히 표현 못 한 부분도 있겠지만, 어쨌든 한국인은 육체적 고통보다 정신적 고통을 더 힘들어하고 심각하게 받아들이는 것으로 보인다는 의미일 것이다.

그렇다. 실로 육체적 고통보다 정신적 고통이 더 크게 느껴진다. 지금처럼 혼란스럽고 변화가 큰 사회에서는 당연히 우리가 느끼는 스트레스도 더 클 것이다. 우리 삶에서 가장 괴로운 것 중 하나가 스트레스이다. 스트레스의 원인은 여러 가지가 있겠지만, 그중에서 가장 공통점은 마음을 내려놓지 못한다는 것이다. 마음을 내려놓는다는 것은 스트레스를 준 외부 원인에 대해서는 더 이상 생각하지 않고 그 자체를 인정하는 것이다. 스트레스의 원인은 없앨 수 없다. 그러나 정말 큰 문제는 외부에서 온 스트레스의 원인이 아니라, 그 원인에 집착해서 계속 감정을 일으키는 '나' 자신이다. 스트레스로 힘들 때 감정에 휘말리지 않고 명상을 통해 자신의 괴로운 마음을 조용히 바라보면 괴로워하는 마음은 곧 사그라진다.

명상의 첫 단계는 호흡이다. 심호흡이 좋긴 하지만 초보자는 억지로 할 필요는 없다. 또한, 심호흡이라고 해서 억지로 숨을 길게 들이마시고 내쉬는 것이 아니라 자연스럽게 숨이 드나드는 것을 보는 것이 중요하다. 의식적으로 호흡을 통제할 필요는 전혀 없다. 의식적으로 하게 되면 그때부터 마음 내려놓기가 아닌 스트레스의 시작이다. 자신이 호흡하는 모습을 지켜보기만 하면 된다. 호흡을 지켜보면 자연스럽게 심호흡을 하게 되기 때문이다. 눈을 감고 고요히 호흡하면 부교감신경이 활성화되어 그 자체만으로 스트레스가 완화된다. 그러나 그것만으로는 스트레스에서 완전히 벗어날 수는 없다. 호흡과 함께 마음의 훈련이 필요하다. 그 마음의 훈련이 마음 챙김 명상이다. 마음 챙김 명상은 특별한 어떤 행위를 하는 것이 전혀 아니다. 스트레스를 받는 자신의 그 마음을 오롯이 바라보기만 하는 것이다.

스트레스는 내가 어떻게 반응하느냐에 따라 계속 느낄 수도 있고 사라질 수도 있다. 스트레스를 주는 외부자극이 짜증이나 괴로움을 불러일으키지만 내가 그것에 반응하지 않는다면 그 느낌은 더 이상 존재하지 않는다. 우리가 감각을 통해 느끼는 것은 내가 아니고 나의 것도 아니기 때문에 오직 바라보고 있기만 하면 괴로운 느낌은 사라진다. 즉 고통을 객관적인 사물을 대하듯 직시하는 것이다. 그러나 자신에게 스트레스를 준 외부 대상을 향해 계속 화를 내며 집착하고 있으면 우리의 두뇌는 그에 상응하는 스트레스 물질을 온몸에 뿌린다. 그러면 진짜 짜증이 나고 화나는 마음이 커져서, 괴로운 마음은 마치 확고한 실체를 가진 것처럼 나 자신을 지배하게 된다.

보통 사람들이 생활 속에서 명상하는 것이 쉽지 않은 것처럼 보인다. 물론 처음엔 쉽지 않은 것이 사실이다. 그러나 차츰 훈련을 할수록, 괴로움을 느끼거나 짜증이 날 때마다 그것을 억지로 제어하려고 하지 말고 자신이 그런 감정에 휩싸여 있다는 사실을 알고만 있고 바라만 보면 스트레스는 조금씩 사라지게 되고, 이러한 훈련이 점차 쌓이면 결국 스트레스에서 벗어나게 된다.

그리고 호흡 수행이 깊어지면 스트레스를 준 것은 1차 원인이 아니라 나의 잘못된 욕망이 문제라는 것을 깨닫게 된다. 우리가 욕망으로부터 자유로워지면 스트레스를 받는 일은 적을 것이다. 사람이 어떠한 대상과 밀착되어 있으면 그것의 참모습을 보지 못하고 그것에 집착하게 된다. 그러나 한발 물러서서 대상을 바라보면 내가 집착한 것이 보잘것없는 것일지도 모른다는 생각이 든다.

인간관계에서 자존심이 상해서 며칠 동안 누군가를 미워하고 괴로워했지만, 어쩌면 그 자존심이라는 것도 결국은 하찮은 것일지도 모른다. 이렇게 감정으로부터의 자유로움은 어떠한 대상에 집착하는 이상 결코 얻을 수 없는 것이다. 대상에서 한발 물러나서 조용히 바라보면 진리를 깨닫게 되고 무한한 감정의 자유를 얻게 된다.

호흡 : 의식과 무의식이 만나다

정신분석의 아버지 프로이트는 사람의 마음은 두 가지의 본능, 타나토스(Thanatos)와 에로스(Eros)에 의해 움직인다고 설명한다. 타나토스는 죽음을 향한 본능을, 에로스는 생명을 향한 본능을 뜻한다. 프로이트는 사람들은 삶의 에너지인 에로스를 따라가면서도 마음 깊은 곳에서는 근원적인 삶의 조건인 죽음을 늘 생각하고 있다고 했다. 이 둘은 하나의 마음이 갖는 두 가지 상반된 면인 것처럼 보인다.

나의 경우를 예로 들어보자. 내가 중요한 프레젠테이션을 맡아서 준비할 때 완벽하게 잘하고자 하는 마음에 긴장한다. 이때는 에로스가 작용한 것이다. 그런데 그 긴장이 너무 지나쳐서 극심한 스트레스를 받으면 행사가 취소되면 좋겠다는 생각까지 한다. 이때는 에로스가 타나토스로 나타난 것이다. 이렇게 되면 일을 잘하고 싶다는 욕심과 동시에 행사가 취소되기를 바라는 마음, 이 둘은 이중성을 띠는 것이다. 즉, 에로스와 타나토스는 이중성을 띠는 것이라고 봐야 한다. 이 경우에 나는 내 의지로 에로스와 타나토스 둘 중에서 하나를 고를 수 없다. 하나를 고른다고 하더라도 나머지 하나가 사라지는 것은 아니기 때문이다.

행복하게 살기 위해서는 에로스와 타나토스 이 둘의 조화가 필요하다. 그런데 이것이 뜻대로 되지 않는다. 그 이유는 에로스와 타나토스는 무의식중에 작용하기 때문이다. 의식은 우리 의지로 조절할 수 있지만, 무의식은 우리 의지로 조절할 수 없는 영역이다.

나는 앞서 어릴 때 형성된 무의식이 평생을 좌우할 만큼 중요하다고 언급했다. 그만큼 무의식은 살아감에 있어서 중요하다. 어릴 때 이미 형성된 무의식도 훈련을 통해 정화할 수 있다. 우리는 운동으로 근육을 단련시키듯이 우리의 무의식을 훈련해야 한다. 아마 몇몇 사람들은 무의식은 우리 의지로 조절할 수 없다고 하면서 어떻게 훈련이 가능하냐고 의문을 가질 것이다. 훈련하려면 먼저 의식이 무의식에 들어갈 수 있어야 한다. 그러나 그것은 절대 쉽지 않은 일이다. 그나마 그것을 가능하게 해주는 것이 호흡과 명상이다. 즉, 호흡으로 의식과 무의식이 만날 수 있는 것이다. 중요한 것은 명상의 기초가 호흡이라는 사실이다.

호흡의 기초는 수식 관이다. 수식 관이란 호흡을 하면서 들숨과 날숨을 하나, 둘, 셋… 수를 세는 것이다. 나는 제일 처음 수식을 할 때 하나부터 열까지 세면서 호흡을 했고, 열 번의 들숨과 날숨을 온전히 지켜보는 것에 적응하기까지 2주 이상 걸렸다. 쉽지 않았다. 처음에는 열이 아니라 셋, 넷 까지만 해도 집중력이 떨어지고 어느새 잡념이 생겨서 이 생각 저 생각으로 끌려다니기 일수였다. 즉 나의 내면에 집중하기가 그리 만만한 게 아니었다. 이렇게 수식 관을 하다가 어느 정도 익숙해지고 나면 호흡을 오직 '관'(바라봄)하는 것이다. 초심자가 수를 세는 것은 '관'(바라봄)을 하기 위한 준비 단계였다. 누구나 수식 관으로 훈련을 하지 않고 호흡을 '관'하기를 바로 시작한다면, 온전히 집중할 수 없고 온갖 잡념이 생겨서 결국 부작용만 초래하게 된다.

조금 더 자세히 호흡하는 법을 살펴보자. 내가 십여 년 이상 수련해 온 경험을 바탕으로 제시한다. 초심자는 절대 무리해서 숨을 크게 들이마시려고 해서는 안 된다. 고요한 상태에서 자연스럽게 호흡해야 한다. 먼저 양반다리 자세로 앉고 손은 양 무릎 위에 두어도 되고 아랫배 쪽에 겹쳐서 두어도 된다. 이때 다리를 겹쳐 앉으면 불편을 느끼는 사람들이 있는데 그때는 다리를 겹치지 않고 편하게 본인에 맞게 한다. 다음 입을 자연스럽게 닫고 코로 숨을 들이마시고 내뱉는다. 이때는 숨이 코로 시작해서 배꼽 밑 단전까지 내려가는 것을 지켜보고 편안하게 다시 내뱉는다. 이때 가슴이 위아래로 움직이면 가슴으로 호흡하는 것이다. 가슴이 아닌 배로 호흡해야 한다. 들이마실 때 아랫배가 살짝 나오고 내 쉴 때는 아랫배가 들어간다. 즉, 아랫배의 힘으로 숨을 끌어당기고 내뱉으면서 호흡하는 것이다. 이 방법으로 나는 자기 전 30분에서 1시간 정도 호흡 수행을 한다. 그러면 마음도 편안해지고 잠도 잘 잔다. 초심자는 5분에서 10분 정도부터 시작해서 서서히 늘려가면 될 것이다.

사람의 신경계는 말초신경계와 중추신경계로 나누어진다. 말초신경계는 체성 신경계와 자율 신경계로 나누어진다. 체성 신경계의 통제를 받는 근육을 수의근(마음대로 움직일 수 있는 근육), 자율 신경계의 통제를 받는 근육을 불수의근(생각대로 움직일 수 없는 근육)이라고 한다. 그러므로 체성 신경계는 의식에 의해 통제되고 자율신경계는 무의식에 의해 통제되는 셈이다. 골격근과 안면근이 수의근에 해당하고 심장근과 내장근은 불수의근에 해당한다. 수의근과 불수의근의 분류기준은 영향을 받는 신경계와 의지로 움직일 수 있는지 없는지 이지만, 근원적으로는 생명 유지와 관련이 있다. 불수의근은 내 의도와 상관없이 생명 유지를 위해서 끊임없이 움직여야 하는 근육이므로 신경의 조절이나 심리상태에 의해서도 변화한다.

근육 중에서 유일하게, 호흡기를 움직이는 근육은 수의근과 불수의근 둘 다로 이루어져 있다. 그러므로 이 근육은 의식의 지배를 받기도 하고, 또 무의식이 지배하기도 하는 것이다. 이런 이유로 호흡을 통해서 의식의 세계로부터 무의식의 세계로 들어갈 수 있는 것이다. 수행의 일종인 명상도 인간의 마음을 다스리는 것인데, 마음을 다스린다는 것은 의식이 아닌 무의식 세계를 다스리는 것이다. 즉, 무의식 세계를 다스리지 못한다면 수행은 의미가 없는 것이고 그러므로 호흡을 통해 수행하는 것이고, 수행을 통해 무의식을 다스리는 것이다.

현대 사회가 복잡해지고 기술이 발달할수록 우리가 굳건히 살아나가기 위해서 마음을 챙기는 것부터 해야 한다. 나를 지켜낼 수 있는 것은 지식과 기술이 아닌 오직 내 자신이다. 기술과 지식이 필요치 않다는 뜻이 아니다. 그것들 이전에 먼저 자신의 마음부터 챙겨야 한다는 것이다. 이것은 나만의 문제가 아니라 우리의 문제이다. 너와 내가 함께 잘 살기 위해서 마음을 챙겨보자. 잠들기 전 5분 만이라도 수를 세면서 호흡을 해보는 것에 도전해 보는 것이 어떨까?

무의식 마주하기

우리는 지금까지 "끌어당김의 법칙"과 관련한 많은 자기계발서를 접해왔다. 잊을 만하면 나오는 책이 그런 종류의 책들이고 거의 베스트셀러에 오른다. 그와 관련한 강연 또한 아주 쉽게 접할 수 있다. 그러나 문제는 그렇게 끝없이 쟁점이 되고 있지만, 실제로 나에게는 그것이 일어나지 않는다는 것이다. 대부분의 사람은 끌어당김의 법칙을 인지하고 있다. 하지만 그 법칙을 잘못 알고 있다. 대부분의 사람은 생각만 하면 이루어진다고 알고 있다. 그런데, 사실 이 개념은 어딘가 조금 엉성해 보이는 것이 사실이다. 베스트셀러 책에서 그리고 유명한 사람들이나 성공한 사람들이 그렇다고 하니까 맹목적으로 따라가는 것이 아닌지 생각해봐야 한다. 아니 그냥 내가 해보면 되는 것이다. 결과는 어떠한가? 실제로 나에게 일어나는가?

문제는 '믿음'이다. 우리의 의식 세계에 존재하지 않는 믿음을 말한다. 믿음이 끌어당김의 법칙을 좌우하는 것은 사실이다. 그러나 그 믿음이 의식적인 믿음이 아니다. 바로 이 부분이 대부분 사람이 인식하지 못했던 큰 실수이다. '무의식', 바로 그곳이 모든 끌어당김의 법칙이 작용하는 곳이다. 나는 이 책에서 여러 번 무의식에 대해 언급한 적이 있는데, 그 무의식은 이렇게 삶의 전반에서 특히 핵심적인 부분과 연관이 있다.

　우리는 태어난 이후 살아가는 동안, 객관적인 사실보다 주관적인 믿음을 더 체계화한다. 우리는 모두 각자 다르게 양육되었으므로, 서로 다른 주관적인 믿음을 가지고 있다. 우리는 부모가 하는 행동과 말은 모두 세상의 작동 방식이라고 여기고 모든 정보를 그대로 저장했다. 그리고 그것이 현실이라고 생각했고 믿음이라고 결론 내리고 성인기까지 가지고 간다. 그러나 그렇게 살아가면서 점점 의문이 든다. 나는 왜 내가 바라는 것들을 이룰 수 없는지?

　그것은 당신 잘못이 아니라 믿음 체계 때문이다. 믿음 체계는 내 의지로 만든 것이 아니다. 주로 양육자에 의해 형성되었다고 할 수 있다. 그렇다고 양육자를 탓해서도 안 된다. 그들도 부모 역할이 생에 처음이었고, 잘 몰랐기 때문이다. 이렇게 책을 통해 알아야 하는 것이 바로 그것이다. 내 탓이 아니라 남의 탓이라고 핑계를 대라는 것이 아니고, 양육자를 원망하라는 것도 아니며, 결국 나를 구할 수 있는 것은 나 자신이므로 스스로 인지하고 변화하자는 것이다. 우리의 믿음 체계는 아동기에 거의 형성된다. 잘 생각해보면 우리 내면에는 모두 그 시절의 내가 존재하고 있다. 하지만, 우리가 계속 그렇게 살아야 하는 것은 아니다. 믿음 체계를 바꿔야 한다. 프로그래밍은 내 의지와 상관없이 다운로드 되어있지만, 믿음 체계는 내 의지로 바꿀 수 있다.

끌어당김의 법칙이란, 우리의 의식의 영역이 아닌 무의식 속 믿음 체계에 들어맞는 것을 끌어당긴다는 것이다. 그러므로 우리는 이제 무의식을 인지하고 정화해야 한다. 올바른 무의식의 믿음 체계가 형성되어 있어야 그것에 맞는 것을 끌어당길 수 있다. 많은 사람이 아마 책 '시크릿'을 읽어 봤을 수도 있다. 그러나 이 책은 단순히 끌어당김의 법칙을 소개만 한 것이었다. 핵심은 빠져 있었다.

책을 읽은 사람들은 "아. 좋아. 내가 이제 할 일은 눈을 감고 원하는 것을 그림을 그리며 상상만 하면 되는구나"라고 생각한다. 마음 한쪽에 의심이 들긴 하지만 애써 모른척하며 믿어본다. 그러나 우리는 도대체 이게 말이 되는지 또는 무슨 원리로 작용하는 것인지 궁금해해야 했다.

우리 삶에서 그런 일이 절대 일어나지 않는다는 것이 아니다. 그런 일이 분명 생길 수는 있다. 하지만, 무의식을 완전히 정화했을 때만 가능하다. 온전히 긍정적인 생각을 하고 당신의 무의식에서 부정적인 면을 완전히 지웠을 때만 그렇게 될 수 있다. 그 후에 의자에 앉아 원하는 모든 것을 상상하고 실제로 이뤄진 것처럼 느끼면 된다. 무의식을 정화했기 때문에, 이제는 더 이상 부정적인 것들이 기적의 실현을 막지 않는다.

다시 말하지만, 마음속에는 아무런 장애나 부정적인 것들이 없을 때 꿈꾸던 것들이 이루어진다. 그러나 우리 대부분은 이미 마음속에 장애와 부정적인 것들을 가지고 있으며, 사람마다 그 정도의 차이가 있을 뿐이다. 몇몇 사람들은 분명 본인은 늘 긍정적인 생각만 하며, 절대 부정적인 생각은 하지 않는다고 주장할 수도 있지만, 그것은 본인의 의식 영역에만 한정된 것이다. 우리는 우리의 무의식을 알아차리기가 절대 쉽지 않기 때문에 무의식의 부정적인 것들을 인지하기 매우 힘들다.

　그래서 나는 앞서 소개한 호흡이 의식과 무의식의 관문인 것처럼, 명상하거나 호흡에 집중하면서 내면을 들여다보는 연습을 통해 무의식을 알아차리기를 권한다. 의식이 무의식 세계 깊숙한 영역까지 들어갈 수 있게 해주고, 인간의 무의식을 통제할 수 있는 유일한 방법이 호흡을 조절하는 것이기 때문이다. 나 또한 호흡과 명상을 오랫동안 한 후 무의식에 저장된 부정적인 것들을 인지할 수 있었다. 물론 호흡 명상을 처음 시작할 때는 절대 쉽지 않았다. 그러나 꾸준히 하면서 부정적인 무의식이 어린 시절 보고 들어서 형성된 것부터, 성인이 되어서 형성된 것까지 다양하게 존재한다는 것을 알았다. 그렇게 먼저 알아차림이 있고 그것을 인정해야만 제거할 수 있다.

　어떤 병도 일단 알아야 고칠 수 있는 것처럼, 무의식의 부정적인 것들을 알아차려야만 없앨 수 있다. 이제는 실수하고는 "어머, 나도 모르게 무의식적으로 나온 말이야!"라고 말하며 은근슬쩍 넘어가려고 하지 말고 제대로 무의식을 정화하고 참된 삶을 살아가 보는 게 어떨까.

자기연민의 힘

나는 프리랜서로 일을 하던 시절 완벽주의가 늘 나 자신을 괴롭혔다. 항상 "이번에도 최선의 결과를 보여줘야 해. 실수하지 말아야 해."라고 생각하며 일을 준비했다. 충분히 준비했음에도 늘 부족함을 느끼고 나 자신에 대해 긍정적이지 못했다. 그러다 어느 날은 '내가 이렇게 살아도 과연 괜찮은가?' 하는 생각이 들었다. 대부분의 사람은 자기 자신과 관계를 맺는 방식에 있어서 긍정적이기보다 비판적이다. 성공을 향해 가면서 우리는 자신을 친절하게 대하지 않는다. 우리는 끝없이 자기 자신에게 더 큰 노력을 요구하고 채찍질한다. 그러나 자기 자신을 바라보는 방식과 실패에 대응하는 방식은 한 개인의 삶에 큰 영향을 미친다.

자신을 좀 더 따뜻한 시선으로 바라봐야 한다. 그래야 실패를 경험한 후에도 회복 탄력성이 생기고, 실수에서 배워서 한 걸음 더 성장할 수 있으며, 그동안 보지 못했던 기회들을 발견할 수 있다. 그러면 모든 것에 더더욱 감사하는 마음이 생기고, 더 행복해지고, 성공에 이를 확률이 더 높아진다.

나는 나 자신을 대하는 태도를 바꿔야 더 행복해질 수 있다는 것을 깨달았다. 행복해지기 위해 먼저 연민에 대해 살펴보자면, 연민은 타인의 처지에서 생각할 줄 아는 것, 그들이 겪는 어려움을 이해하는 것, 그들을 진심으로 돕고자 하는 것이다. 연민의 마음을 갖기 위한 첫 단계는 바로 공감이다. 즉 상대방의 관점에서 상황을 바라보고, 그가 어떤 감정을 느낄지 이해하는 것이다. 타인의 감정을 이해할 줄 알면 그들과 더욱 효과적으로 소통할 수 있다. 그러면 그들은 누군가 자기 말에 귀를 기울여 준다는 기분, 자신이 이해받고 존중받는다는 기분을 느낀다. 그러면 상호 간의 인간관계가 한층 더 끈끈해지고 개선되는 것은 당연한 결과다. 이렇게 타인에 대한 연민의 태도는 훌륭한 인간관계를 맺는 데 큰 역할을 할 정도로 중요하다.

그런데 정작 우리는 자기 자신에게는 연민의 감정을 가지고 살아가고 있을까? 자기 자신에 대해 연민의 감정을 가진다는 것은 쉽지 않은 일처럼 느껴진다. 그런데 그것은 쉽지 않은 것 즉, 어려운 것이 아니라 단지 익숙하지 않을 뿐이다. 우리에게 칭찬은 타인에게만 하고 타인으로부터 받는 것으로 인식돼 있다. 우리는 자신을 비판하는 데만 익숙하다. 자신을 다독이고 칭찬하는 것은 너무 낯선 일이다. 우리는 왜 꼭 타인에게 인정을 받고 위로를 받아야 한다고 생각할까? 그렇게 살아왔기 때문이다. 생각해 보면 지금까지 아무도 자기 자신에게 감정을 가지는 법을 가르쳐 주지 않았다. 타인에게 가지는 모든 긍정의 감정을 이제부터는 자신에게 가져보자.

자기연민을 가지면 여러 가지 이점이 있다. 연민이라는 단어를 왠지 부정적이거나 불쌍한 감정으로 생각하는 사람들이 있는데, 절대 그렇지 않다. 자기연민은 자기 자신을 객관적으로 바라보게 해주고, 오롯이 자신을 마주하고 극복하도록 도와주는 지혜롭고 선한 마음이다. 그러므로 자기연민은 우리를 궁극적으로 행복에 다가가도록 도와주고 성공으로 이끌어 준다.

우리 사회는 '내'가 중심이 아닌 '우리'가 중심인 사회이다. 나는 영어를 가르치는 사람이면서도 그렇게 습관적으로 계속 my보다는 our가 먼저 나오려고 한다. 즉 나보다 우리가 먼저이다. My mom은 내 엄마, Our mom은 우리 엄마. 도대체 이 '우리'라는 개념을 누구에게까지 허용해줘야 한다는 말인가. 물론 공동체 의식, 공존과 공생의 차원에서 보자면 최고의 의식이며 필요한 것이다. 그러나 너무 지나친 것이 문제이다. 우리는 어릴 때부터 늘 나를 향함을 배우는 것이 아니라 남을 향해서 무언가를 배워왔다. 이제는 충분히 알고 있다. 내가 먼저 있어야 남도 있다는 것을. 내 마음부터 챙기고 남도 챙기고, 나부터 사랑하고 남도 사랑하자. 자신을 사랑하지 않는 자는 절대 타인을 진정으로 사랑할 수 없다.

자기연민을 가지기 위해서 타인을 대하듯 자신과 대화를 하고, 가끔은 자신에게 사랑의 편지도 써보고, 나를 포함한 세상 모든 것에 감사하고, 명상도 해보자. 앞서 명상에 대해 언급했듯이 명상을 하면서 오롯이 자신을 마주하다 보면 자기연민의 감정이 생길 것이다. 명상할 때 '관'한다는 자체가 주관이 개입되지 않은 객관적인 시선으로 자신을 바라보는 것이기 때문에 그렇다.

제5장 Change AI 시대 인식론

4차 산업혁명 시대를 맞이하다

.

   산업혁명의 변화를 정리해보자면, 1784년 영국에서 시작된 증기기관과 기계화로 대표되는 1차 산업혁명 - 1870년 전기를 이용한 대량생산이 본격화된 2차 산업혁명-1969년 인터넷이 이끈 컴퓨터 정보화 및 자동화 생산시스템이 주도한 3차 산업혁명- 로봇이나 인공지능(AI)을 통해 실제와 가상이 통합돼 사물을 자동적, 지능적으로 제어할 수 있는 가상 물리 시스템의 구축이 기대되는 산업상의 변화를 일컫는 4차 산업혁명으로 정리할 수 있다.

   4차 산업혁명의 특징이나 핵심을 이루는 주요한 기술들을 다음과 같이 나누어 살펴볼 수 있다. 가장 기본이 되는 것은 빅데이터이다. 인공지능을 중심으로 하는 소프트웨어와 많은 양의 데이터를 처리하는 기술이 합쳐져 근로 형태가 컴퓨터를 기반으로 변화하게 된다. 두 번째는 개인의 생활방식을 이해하는 작은 의미에서부터 생태계 전체의 생활과 환경을 관할하는 큰 의미에 이르기까지 인간의 생산성 향상에 도움을 주는 인공지능이다. 세 번째는 로봇 공학으로써, 사람의 일을 보조하는 임무를 수행하게 된다. 네 번째는 양자암호이다. 기존 수학적 복합성에 기반하는 암호체계가 아니라, 자연현상에 기반하고 있어서 향후 해킹 불가능한 암호 체계를 구현할 수 있을 것이란 기대가 있다. 다섯 번째는 사물 인터넷이다. 흔히 IoT라는 단어로 많이 접해봤다. 이는 실생활의 모든 오프라인 정보를 온라인으로 넘기는 O2O를 기반으로 한다. 마지막은 3D프린팅이다. 이를 통해 평균치로 제작되는 기성품을 구매하여 적당하게 맞추어서 생활하는 것이 아니라, 하나부터 열까지 자신에게 꼭 맞는 제품을 직접 제작 및 활용함으로써 개인 맞춤형 시대가 열리게 된다.

이렇게 비교해보면 3차 산업혁명과 4차 산업혁명은 연관성이 있는 것으로 보이면서도 너무나 새로운 시대가 도래하는 것이다. IT분야 전문 통역과 프레젠테이션을 해왔던 나도 변화가 너무 빨라서 놀랄 때가 많고, 그 속도를 따라가기가 버겁다고 느끼기도 한다. 대부분의 사람은 과연 이 변화를 어떻게 느끼고 있을까? 또한, 기업들은 미래를 어떻게 준비하고 있는 것일까? 우리가 모두 낯설고 준비해야 할 분야, 제도, 정책 등이 많겠지만 특히 나는 중소기업과 4차 산업혁명에 대해 좀 더 깊이 생각해보았다.

중소기업에 4차 산업혁명이란?

　인공지능, 빅데이터, 사물인터넷 등 정보통신기술(ICT)과의 융합으로 일어나는 차세대 산업혁명을 이르는 '4차 산업혁명'. 우리 경제와 사회에 나타날 거대한 변화를 앞두고 정부와 국내 주요 기업들은 대비에 한창이다. 그러나 많은 산업 현장에서 4차 산업혁명은 여전히 먼 나라의 이야기로만 여겨지는 분위기이다. 중소기업중앙회가 국내 300개 중소제조기업을 대상으로 실시한 관련 인식과 대응 실태 조사를 살펴봤다. 발표에 따르면 현재 4차 산업혁명에 대해 '어느 정도 알고 있다'고 생각하는 중소기업은 전체의 36%에 불과했다. 즉, 대부분 중소기업은 '잘 모르는 편'이라고 답해 2년 전 (39.5%) 조사와 큰 차이가 없었다.

　다만 최근 산업의 디지털 전환을 체감한다는 응답은 과거보다 많이 증가한 것으로 집계됐다. 4차 산업혁명에 대한 인식에 비해 현실의 변화가 앞서가는 상황임을 짐작할 수 있다. 디지털 전환 체감은 2017년 35.7%에서 2019년 43.0%로 변화했다. 이러한 결과는 제조 현장의 대응 현황에도 고스란히 드러난다. 4차 산업혁명에 관해 아는 정도인 '1단계' 기업이 25%, 나머지 대다수 기업은 이에 대해 잘 몰라서 대응도 어려운 '0단계' 수준으로 나타난 것이다. 또한, 2024년까지 목표를 묻는 말에는 많은 기업이 제조 스마트화를 실현하는 '3단계' 이상을 꼽았지만, 적지 않은 기업이 여전히 '0단계' 수준에 머물러 있을 것이라고 답하기도 했다.

미래의 경쟁력이 걸린 일에 왜 이렇게 소극적일까? 가장 큰 이유로는 전문인력 부족(28.7%), 이외 투자 효과 불확실(28.3%), 자금 부족(27.7%), 교육 부족(19.3%) 때문이라는 답변도 나왔다.

앞으로 찾아올 산업의 변화가 위기가 아닌 기회가 될 수 있도록 중소제조기업의 현장도 들여다보는 교육ㆍ컨설팅 등의 정책이 반드시 마련돼야 한다.

우리의 이상향, 멋진 신세계?

4차 산업혁명을 맞이해야 하는 지금, 우리는 어떤 이상향을 꿈꾸고 있을까? 이 글을 쓰고 있는 나 자신도 지금의 세계가 낯설고 수많은 기기는 더더욱 낯설고 나와는 동떨어진 삶인 것 같고, 자꾸 치열한 경쟁에서 벗어나 아날로그 감성에 빠져 따뜻한 위로를 받고 싶어진다. 20대에 첫 직장생활이 떠오르고, 영어 아나운서로서 첫 대중 앞에서 마이크를 잡으며 얼굴은 웃는 척하지만, 온몸이 긴장해 땀으로 범벅 되었던 때가 생각나고, 여러 번의 좌절과 실패에 위로해 주던 친구의 따뜻한 말 한마디에 감동하여서 눈물을 흘리던 때가 생각난다.

그런데 현실은 현실이다. 나는 아날로그 감성을 가진 체 21세기 4차 산업혁명을 맞이할 시대에 살고 있다. 우리는 과연 어떤 멋진 신세계를 꿈꾸는 것일까?

나는 몇 년 전 지인들의 모임에서 한 분을 뵙게 되었는데, 화장품 브랜드 헉슬리(Huxley)의 대표이셨다. 브랜드 이름을 듣자 마자 내가 아주 예전 읽었던 멋진 신세계를 쓴 올더스 헉슬리가 떠올랐다. '올더스 헉슬리의 그 헉슬리? 또 다른 헉슬리가 있나?'라고 혼자 생각했다. 물론 나는 20대 초반엔 SF소설을 좋아하지 않았으므로 멋진 신세계 책을 다 읽고도 그 내용이 전혀 이해되지 않았고 '무슨 소리야'를 외쳐 대다 대충 읽고 끝냈었다. 어쨌든 브랜드 이름이 특이하다 싶어서 나는 헉슬리 대표이사에게 브랜드 이름이 왜 헉슬리인지 물어보았다. 그는 이렇게 말했다.

"헉슬리는 미래학자입니다. 미래의 세상에는 정보가 너무 많아 사람들은 무엇이 진실이고 무엇이 거짓인지 혼란 속에 살아갈 것이라 예언했습니다. 그의 예상이 현실이 되어버린 지금, 화장품 생태계 역시 레드오션으로 수많은 브랜드가 창업과 소멸을 반복하며, 브랜드마다 수없이 많은 제품을 쏟아내고 있습니다. 또한 화장품 광고는 어떻습니까? 이렇게 혼란하고 수많은 정보로 가득한 화장품 시장에서 내가 만든 브랜드만큼은 고객의 신뢰를 저버리지 않는 진심을 담은 브랜드로 탄생하여 소비자들에게 다가가겠다는 마음으로 작가 올더스 헉슬리 이름을 그대로 화장품 브랜드 '헉슬리'를 론칭하였습니다."

아마도 멋진 신세계 속에서 인간마저도 배양되어서 흘러넘치는 모습에 빗대어, 지금의 흘러넘치는 정보의 홍수 속에서 우리는 진정한 정보를 선택하기가 혼란스럽고, 특히 한국의 화장품 브랜드는 너무나 많아서 더욱이 선택하기 어려운데 그 속에서 진정한 제품과 정보를 제공해주고자 하는 바람이었을지도 모르겠다. 화장품 브랜드 창업자의 철학치고는 좀 의외다 싶어서, 브랜드 이름을 계기로 나는 다시 멋진 신세계를 읽기 시작했다.

멋진 신세계는 과학 기술의 엄청난 발전과 전체주의 사상이 결합한 사회를 적나라하게 묘사하여 현대 사회에 경고를 던지는 소설이다. 사람은 모두 체외 수정을 통해서 태어나고 수많은 일란성 쌍둥이들이 태어난다. 무려 96쌍의 쌍둥이가 되며 난자만으로 아이를 만들 수 있는 처녀 생식 기법도 발전하게 되는 등 여러 가지 기술이 있고 이 사회는 시스템으로 운영이 되는데 수정란부터 태어날 때까지 계속 등급을 매기며 그 등급에 따라 다른 영양분, 자극, 조건반사 등으로 양육된다. 알파, 베타, 감마, 델타, 엡실론의 5가지 등급에 따라 외모가 다르고 교육도 다르게 하며 각 등급에 따라서 하는 일도 다르다. 그들은 각자에게 맞는 일을 하며 행복과 안정을 느끼고 다른 계급을 아예 부러워하지도 않는다. 행복을 스스로 추구하고자 하는 자유의지도 없어 보인다.

  욕구 발생으로 인한 심리적 고통은 행복을 느낄 수 있게 해주는 약물인 '소마를 복용하면 없어진다고 한다. 약물을 마치 진통제 정도로 가볍게 여기며 필요에 따라 복용한다. 이렇게 사랑 없이 기계적으로 아이를 태어나게 하니 당연히 가족의 개념도 부모라는 존재도 이상하게 느끼고 한사람만을 사랑하는 것을 굉장히 부끄럽게 여긴다. 모든 사람이 죽긴 하지만 죽을 때까지 늙지 않는 이 사회가 바로 멋진 신세계다. 이 신세계와 중반부 이후부터 나오는 야만인의 세계가 뚜렷이 대비되는데, 과거부터 보존된 세계를 보호구역으로 지정하고 인간을 야만인이라고 규정한다. 야만인 세계는 더럽고, 증오심 욕심 사악함이 가득한 인간이 살기에 역겨운 곳으로 묘사하고 있다. 그리고 야만인의 세계에 살던 존이 신세계에 들어오면서 서로가 극심한 갈등을 겪게 되고 결국 존은 자유와 인간성을 원하면서 신세계를 떠나서 죽음을 맞이한다.

이 책을 읽으며 시종일관 나는 공포감을 느꼈다. 약 100년 전인 1930년대에 쓰인 이 책의 내용과 현대 사회가 일부분 닮아가고 있지 않은가? 과학이 발달할수록 사람들이 육체적인 활동을 할 가능성은 점점 줄어들고 노동에 있어서 자동화가 이루어지고 언젠가는 단순 노동자들은 인공지능에 대체되어서 모두 사라질 것이고, 사회 부적응자와 낙오자는 더욱더 늘어날 것이다.

이런 사람들을 누가 책임져야 할 것인가? 바로 사회가 책임져야 한다. 헉슬리 또한 소설 속에서 자동화를 고의로 포기하고 그들에게 직업을 내주는 방법을 선택했다. 안정을 위해서 나름의 공존과 공생을 선택한 것이다. 그러면 작가는 이 소설 속에서 과학의 발전을 어떻게 받아들였을까? 멋진 신세계는 말 그대로 정말 멋진 세계로부터 점점 상실의 세계로 변해간다. 즉 고도 문명의 발달로 자유와 인간성을 상실하는 사회가 되는 것이다.

소설 속의 인간들은 공장에서 생산에 의해 태어나므로 타인의 죽음을 아무렇지 않게 웃으며 얘기하고, 가족은 형성되지 않고 서로 사랑을 주지도 받지도 않는다. 타인과의 공존, 공생, 사랑, 따뜻한 위로의 말 한마디 없고, 슬픔을 나누며 같이 눈물을 흘려주지도 않는다. 아니 못하는 것이다. 감정이 없이 태어난 것이다. 소설 속에서만 그럴까? 우리 사회도 점점 인간성이 상실되어 가고 있는 것은 아닐까?

소설 속에서 야만인의 세계는 마치 지금의 우리 세계와 비슷하다고 느껴졌다. 물론 야만인 세계의 비위생과 더러움은 해당하지 않지만, 인간들의 경쟁심, 이기심, 욕심은 지금의 우리와 많이 닮아 있는 것이 아닐까? 존은 신세계를 떠나서라도 인간성과 자유를 찾고 싶어 한다. 즉 진정한 인간이 되기를 갈망한다. 그것이 비록 불행해질 권리라고 할지라도 말이다. 지금의 우리가 공존, 공생, 참된 인간성을 회복하지 않는다면 야만인 세계 사람들과 다를 것이 무엇이겠는가? 또한 신세계 사람들과도 다를 바가 없지 않은가? 진정한 인간이 되어야 하는 지금, 과학과 기술에 파묻혀 살아가는 우리는, 과연 어떻게 살아가야 할까?

우리가 보는 세계, 매트릭스

   나의 친오빠는 어릴 때 나를 데리고 그렇게 SF 만화 역할 놀이를 하는 것을 좋아했다. 내가 다닌 유치원에서는 크리스마스 때 산타 할아버지가 선물을 나눠주는 이벤트를 진행하는데, 원생 한명 한명에 부모님으로부터 전달받은 버릇, 장기 등을 얘기하면서 선물을 나눠 주셨다. 그런데 한 번은 산타 할아버지가 "우리 제니는 밤마다 자기 전에 이불 위에서 오빠랑 레슬링을 하고 건담 놀이를 한다며?" 하시는 것이 아닌가. "아···네···" 나는 정말 그땐 너무 부끄러워서 울고 싶었다. 나는 속으로 '아! 엄마 하필 굳이 왜 그런 얘기를'이라고 외치며 부끄러움으로 온몸이 굳은 채로 선물을 받아 자리로 돌아왔다. 하지만, 덕분에 모든 원생은 폭소를 터뜨렸다. '아! 내 유치원생 인생에 최고로 자존심 상한 날이었다.'

   나는 어릴 때부터 SF 장르를 비현실적이라 여기며 매우 싫어했다. 오빠가 그런 만화나 영화를 보면 속으로 '저런 말도 안 되는 것을 왜 보는 거임'

이러며 난 내가 더 지적 수준이 높다고 스스로 생각했다. 그러나 오빠가 주는 과자나 사탕 한 봉지에 넘어가서 그 비현실적인 역할 놀이를 억지로 하곤 했다. SF 장르를 어릴 때부터 오빠와 함께 자주 봐서 그런지 싫어하면서도 관심을 가지긴 했었다. 그러다 보니 SF영화가 개봉되면 즐기지는 않았지만, 남들이 다 보니까 마지못해 친구들과 가서 같이 보곤 했었다. 그러다 1999년에 개봉한 SF 영화를 친구 때문에 2번을 보게 되었는데, 처음 봤을 땐 액션 외에는 영화가 전달하고자 하는 바를 거의 이해하지 못했다. 그러다 우연한 기회에 영화평론을 보니 담고 있는 메시지가 너무 흥미로웠다. 그래서 2번째 볼 때는 좀 더 집중해서 봤고, 영화가 담고 있는 깊은 메시지를 많이 생각하게 되었다.

매트릭스(Matrix)라는 영어단어가 있다. 이 단어는 사전적으로는 수학의 행렬, 발생이나 성장의 모체, 틀, 컴퓨터의 회로망 등을 뜻한다. 우리의 삶에 비유적으로 표현해보자면 매트릭스는 실제 세계와 대비되는 허상의 세계이다. 그러면 우리는 과연 실제 세계를 살아가고 있을까?

기계가 만든 세상을 가상현실이라고 하고, 우리가 통상적으로 경험하는 세계를 현실이라고 한다. 하지만 자세히 들여다보면, 현실이라는 것도 사실은 두뇌가 만들어낸 것이고, 가상현실도 두뇌가 만들어 낸 것이다. 우리가 보는 것은 두뇌가 만든 것이고 착각이다. 우리는 무언가 비슷한 형상을 보면, 두뇌가 우리 기억 속에 저장된 것을 연상시켜서 비슷하게 보인다고 착각하게 만든다. 그래서 때로는 무언가를 보고 순간 소스라치게 놀라기도 한다. 비슷한 무언가가 무의식적으로 떠오른 것이다. 즉 우리는 우리의 편견으로 우리가 보고 싶은 것만 보고, 보고 싶은 대로 해석한다. 이렇듯 우리가 현실이라고 생각했던 일들이 사실은 두뇌가 만들어낸 것으로서,

우리의 현실이 곧 매트릭스일 수도 있다.

우리 인간에게는 자유의지가 있다. 그런데 우리는 과연 자유의지대로 살아가고 있을까? 사람들은 대체로 물질을 쫓아서 살아가고 있다. 그 마음 깊숙한 곳에는 쾌락적 감각을 만족시키려는 욕망이 깔려 있다. 우리는 아무리 자유의지가 있다고 해도 그 자유의지를 온전히 발휘하기는 쉽지 않다. 욕망에서 벗어나기도 쉽지가 않다. 이렇듯 우리는 의지와 상관없이 무언가에 매여있다. 이렇게 무언가에 매여서 살아가는 세상이 곧 매트릭스이고, 우리 자신이 매트릭스에 갇힌 사람들이다. 하지만 우리가 궁극적 진리를 깨달으면 매트릭스 밖의 세상에서 사는 것이 된다.

그러나 문제는 우리가 자유의지에 따라 의식적으로 행동했다고 생각할 때에도, 때로는 무의식적으로 행동하는 경우가 많다. 의식과 무의식은 드나듦이 쉽지 않다. 우리가 무의식을 인식하는 것도 매우 힘든 일이다. 훈련하고 꾸준히 수행하지 않는다면 무의식을 마주하기는 불가능하다. 즉, 우리가 의지에 따라 행동할 때는 매트릭스 세계를 벗어난 진실의 세계이고, 무의식적으로 행동할 때는 매트릭스에 갇힌 삶, 허상의 세계이다. 무의식의 삶, 허상의 세계에서 벗어나서 진실의 세계를 살아간다면 고통도 없어지고 행복하고 자유로운 삶을 살 수 있을 것이다. 무의식을 인식하는 방법은 앞서 호흡과 명상에 대해서 언급했으니 참고하기 바란다.

양자역학과 사상

    내가 10여 년 전 나를 지키기 위해 명상을 시작하면서 불교에 관해 관심을 가지게 되었다. 나는 특정 종교를 가지고 있지는 않다. 어떤 종교가 옳고 그르다는 개념보다는 각 종교의 좋은 점을 본인의 마음에 와닿는 대로 선택하고 그에 따라 실천하면서 살아가는 것이라고 생각한다. 그리고 나는 개인적으로 모든 종교는 다 배울 점이 있고 위대하다고 본다. 명상을 시작할 당시 내 마음에 와닿은 종교 교리는 불교였다. 그러던 중 우연히 '물리학과 동양사상'이라는 책을 접하게 되었다. 나는 그림도 동양화가 좋고 사상도 동양사상이 무작정 좋았다. 그래서 막연히 동양사상이 물리학과 무슨 상관이 있는지 궁금해서 읽기 시작했다. 그러나 그 당시 내가 이해하기엔 그 책은 쉽지 않고, 결국 읽다가 중도에 포기했었다. 그러다 시간이 10여 년 이상이 지났고 철학과 사상에 더욱 관심을 가지면서 다시 읽게 되었다. 물리학과 동양사상인 불교를 가지고 '세상을 바라보는 마음'에 대해서 먼저 살펴보자.

　미국 실리콘밸리에는 세계 최첨단 기업들이 모여있다. 그곳에서는 오래전부터 시작해서 지금은 불교의 명상이 하나의 문화로 자리 잡았다. 실리콘밸리에서는 많은 사람이 곧 명상의 시대가 도래할 것이라고 한다. 그곳의 명상 문화를 고려해본다면 아마 이 말은 사실일 것이다. 또한, 그렇게 말하는 데는 이유가 분명 있다. 명상이 실생활에 많은 도움을 주고 있다. 불교 교리에 관해서 관심을 가져 본 사람이라면 이해할 것이다. 불교의 가르침 자체가 우리를 행복으로 이끄는 실천적 방법을 제시해 준다. 행복의 길로 들어서기 위해 불교 내용을 현대과학과 연관 지어서 살펴보자.

　21세기 현대의 지배적인 지식은 과학이다. 불교를 더욱더 올바르게 이해하기 위해서 과학과 연관 지어서 현대적으로 해석하는 것이 필요하다. 물론 몇몇 사람들은 종교적 개념을 과학적으로 풀어내는 것이 의미 있는 일인지 의문을 가질 수도 있을 것이다. 단지 현대인들이 불교 교리를 좀 더 이해하기 쉽도록 과학적으로 접근하는 것으로 이해해주기 바란다. 앞서 매트릭스를 철학과 사상을 연관 지어서 설명한 것과 같은 맥락이다. 나는 물리학 중에서도 '세상을 바라보는 마음'과 '양자역학'을 연관 지어서 설명을 할 것이다. 현대 물질문명 시대에 많은 사람이 물질의 근원에 관심을 가지기 시작했다. 양자역학은 물질 전체와 관련이 있다. 양자역학과 물질을 살펴보기 전에 우리의 내면 '마음'을 먼저 들여다보자.

마음의 힘

내가 마음공부를 하기 위해 명상을 시작해서 오랫동안 하면서 느낀 것이다. 명상의 자세를 취하고 내면에 집중해 보면 처음엔 마음이 산란하고 불안하다는 것을 느낀다. 그 불안함을 없애려고 노력하면 더 산란해진다. 그저 어떤 인위적인 노력을 하지 않고 오직 바라만 봐야 한다. 바라만 본다는 것은 불안한 상태를 인정하고 직면하는 것이다. 그러면 시간이 흐를수록 불안은 잦아들고 마음은 고요해진다. 바로 이 상태일 때 마음에서는 직관이 깨어나고, 현상을 있는 그대로 바라볼 수 있고, 현재에 충실할 수 있고, 매 순간순간을 살게 된다. 또한, 마음에 평안함이 찾아오면 현재의 순간은 무한히 확장되고, 통찰력이 생기고 나아가 창의력으로 이어진다. 이것이 바로 마음 수양의 힘이며, 우리는 지속해서 이 훈련을 해나가야 한다. 불교가 전하는 바는 바로 이렇게 마음을 개척하라는 것이다.

생각, 즉 마음에서 시작해서 말이 되고, 행동이 되고, 결국 운명이 된다. 운명, 성공, 행복, 모든 것은 마음먹기에 달렸다. 문제는 우리 대부분은 이러한 사실을 너무 잘 알고 있음에도 불구하고 실천하지 못한다는 것이다. 우리는 반드시 마음을 개척해야만 원하는 삶을 살 수 있다.

세계적 석학들이 말하는 인류의 미래와 이상은 본질에서 보자면 외형적인 성장을 뜻한다. 이들이 말하는 인류의 미래와 과학 기술의 발전이 의미하는 것은 결국 건강하게 오래 살고, 우주여행을 하거나 다른 행성에 가서 물질적 자원을 확보하는 것이다. 이렇게 외부 세계를 지배하고 물질적 풍요를 추구하는 것이 언제까지 사람을 행복하게 해 줄 수 있을까? 물질적 풍요가 는다고 해서 사람이 반드시 행복해지는 것은 아니다. 또한, 진정한 자아 탐구 없이 외부 세계를 지배할 때 그것이 궁극적으로 행복을 가져다줄 수는 없는 것이다. 자신이 누구인지 모르는 자가 힘과 권력을 갖는다면 그것은 마치 어린아이가 무기를 가지고 다니는 것처럼 위험한 일이다. 우리는 그 무언가를 다룰 능력이 없다면 그것에 노예가 되고 만다. 즉 마음의 힘, 정신력은 우리가 어떠한 상황에서도 우리를 지켜내고, 궁극적으로 행복으로 이끌어 주는 근원적인 힘이다.

실제로 '우주'라는 원대한 꿈을 가지고 로켓 개발에 도전한 사람이 있다. 일론 머스크이다. 어릴 적부터 토머스 에디슨처럼 혁신가가 되고 싶어 했던 머스크는 '인터넷'과 '청정에너지', 그리고 '우주'라는 원대한 꿈을 가졌고 그는 꿈을 이루기 위해 24세의 나이로 창업에 뛰어들었다. 두 번의 성공, 그리고 막대한 부를 축적한 머스크는 도전을 멈추지 않았다. 로켓 개발 업체 '스페이스 엑스'를 할 당시만 해도 우주개발은 천문학적인 수준의 돈이 투자되지만 당장 이익을 얻기 어려운 사업이었기 때문에 국가 주도로만 이뤄져 왔다. 그런데 머스크가 스페이스 엑스를 세우면서 민간 우주 개발 시대를 연 것이다. 그의 업적과 노력 그리고 도전은 존경할 만하다. 그리고 그의 내면은 본인만이 아는 것이겠지만, 부디 우주를 정복할 만큼 의 포부에 맞는 내면도 갖추고 있는 사람이기를 바란다. 내면의 작용력은 반드시 그 무엇으로도 드러날 것이며, 또한 인류 전체를 위해서도 그 내면 이 빛을 발하기를 바란다.

　이 시대에 우리에게 부족한 것은 더 이상 물질이 아니다. 물질을 향유할 정신적 능력, 내면의 힘이 필요하다. 우리는 주변에서 성공을 이루고 많 은 부를 축적하다가 한순간에 무너지는 사람들을 많이 봤다. 사람들은 성 공을 위한 자격도 갖추지 않은 채 무조건 성공을 향해서 달려간다. 그러나 어쩌면 부와 성공은 그것을 지켜낼 마음가짐과 정신력이 갖추어지지 않 는 한 왔다가 되돌아가는 것은 자명해 보인다. 책 6장에서 공존과 공생을 추구하는 기업들을 소개하면서 그 반대의 경우도 소개하였는데, 회사 대 표가 부를 지닐 만한 마음과 정신이 준비되지 않아 몰락한 전형적인 사례 라고 할 수 있다.

　그런데 사람의 마음이란 본래 참 묘한 것이다. 아무리 이런 사실을 머리 로 알고 있다고 해도 사람이 한번 성공을 이루고 나면 그것에만 끝없이 집 착하게 되고, 내면을 가꾸는 일은 소홀해진다. 진정으로 본인이 원하는 행 복이 무엇인지 마음의 소리에 귀 기울여보고, 행복을 밖에서 찾지 않고 마 음에서 찾는 법을 배우는 것, 이것이 불교 공부가 필요한 이유이다. 불교 를 종교로써 믿는 것이 아니라 단지 진실의 길을 찾고 행복에 이르고자 공 부하는 것이다. 불교는 신에 의지하는 것이 아니라 인간의 자유의지와 노 력의 힘을 강조하는 종교이다.

양자역학의 이해, 빛이 곧 물질이다

"나는 양자역학을 도저히 믿을 수 없다"_알베르트 아인슈타인

"양자론 이야기를 처음 듣고 충격을 받지 않았다면, 제대로 이해하지 못한 것이다."_닐스 보어

나는 양자역학이 싫다. 내가 거기에 눈곱만큼이라도 관여되어 있다는 것이 유감이다."_에르빈 슈뢰딩거

이렇게 저명한 물리학자들조차도 양자역학을 이해하기 힘든 분야라고 했을 만큼 양자역학은 일반인인 우리에게는 더없이 낯설고 이해하기 힘든 분야이다. 나 또한 처음 양자역학에 대해 들었을 때 닐스 보어의 말대로 엄청난 충격을 받았다. 내가 느끼기에는 양자역학을 이해하기는 마치 유령의 존재를 인식시키는 것과 같이 느껴졌다. 양자역학의 핵심은 상호작용이고, 상호작용은 다음 연기법으로 이어진다.

양자역학을 이해하기 위해서는 물질을 먼저 이해해야 한다. 물질이 '보인다'라는 현상을 이해할 필요가 있다. 우리 눈에 물체가 보인다는 것은 빛이 우리 눈으로 들어온 것이다. 즉 앞에 있는 무언가에 빛이 부딪치고 반사되어 우리 눈으로 들어오는 것이다. 우리는 만지고 볼 수 있어서 물체가 존재한다고 인지한다. 바꿔 말하면 만지고 볼 수 없는 것은 존재한다고 인지하지 않는다. 예를 들어 우리는 방 안에 있는 물체를 빛이 없는 상태로 만들면 볼 수 없다. 그러다가 빛이 들어오면 비로소 물체가 보인다고 인식하고 존재를 인지한다. 색과 형태를 포함한 물체를 시각적으로 볼 수 있는 모든 현상은 빛이 변형된 결과이다. 따라서 빛이 곧 물질이라고 하면 당연히 누군가는 반발할 것이다. 그럼 손으로 만질 수 있는 현상은 어떻게 설명할 것이냐고.

　만질 수 있는 것 즉 힘의 근원은 전자이다. 힘의 근원은 원자 안에 있는 전자의 움직임에 의해 생성된다. 모든 힘의 근원은 같다. 힘의 근원인 전자는 전자 간에 서로 밀어내는 힘으로 우리가 물체를 만질 수 있게 해준다. 결국, 우리는 물질을 빛을 통해 볼 뿐만 아니라, 우리가 물질을 인식할 수 있는 가능한 모든 수단은 결국 빛이 있어야 인식이 가능하다. 그러니 우리가 눈으로 보는 것만이 전부가 아니다.

　모든 물질은 입자이자 파동이라는 것이 밝혀졌다. 그러므로 빛은 입자이자 파동이다. 빛은 과학적으로 입증하기가 매우 힘들었다. 그런데 빛의 정체성은 17세기 토머스 영이 이중슬릿 실험을 하면서 빛이 파동이라는 것을 알아내는 데 성공했다. 이중슬릿 실험은 카드에 아주 작은 구멍을 두 개 뚫고 빛을 구멍을 향해 쏘면, 만약 빛이 입자라면 그 두 개의 구멍을 통과한 빛은 반대편에 구멍 모양에 맞춰서 도달할 것이다. 하지만 토머스 영의 실험에서는 여러 개의 크고 작은 빛들이 교대로 반대편에 나타났다. 우리의 예상에 완전 빗나갔다. 이것을 빛의 간섭무늬라고 한다. 토머스 영은 빛이 입자라면 간섭무늬를 만드는 것은 불가능하다고 해석했다. 그래서 빛을 입자가 아닌 파동이라고 해석한 것이다.

하지만, 19세기에 현대물리학에 큰 영향을 끼친 아인슈타인의 이론에 의해 인류는 다시 빛이 파동이 아닌 입자라는 사실을 받아들여야만 했다. 이중슬릿 실험을 다시 진행해보자. 구멍이 두 개인 이중슬릿을 향해 전자를 한 개만 쏜다면 어떤 일이 발생할까? 아인슈타인의 설명에 의하면, 두 개의 구멍 중 하나의 구멍만 통과하거나, 애초에 발사 방향이 잘못되었으면 아예 통과하지 못해야 한다. 그런데 문제는 전자를 단 한 개만 발사하는 상황에서도 관측자가 관측하지 않을 때는 간섭무늬가 생긴다는 것이다. 즉, 이때는 파동이라는 것이다. 그래서 이 기괴한 상황을 전자가 두 개 중 어떤 구멍을 통과하는지 관측을 시도하면 분명 같은 조건이었는데도 이번에는 두 개의 구멍 중 한 개의 구멍만 통과한다. 이쯤 되면 무슨 소리야? 가 절로 나오겠지만 조금만 더 살펴보자. 핵심은 관측하느냐 안 하느냐이다.

달라진 점은 중간에 우리가 어떤 일이 일어나는지 '관측'을 했다는 것이다. 즉 우리가 날아가는 전자를 관측하지 않으면 딱 한 개의 전자가 두 개의 구멍을 동시에 통과하는 일이 가능하다는 것이고, 그러면 전자가 입자가 아닌 파동으로 존재한다는 뜻이다. 우리가 실제 세계에서 경험할 수 있는 것에는 완전히 위배되는 일이다. "관측을 당하지 않는다면 내 몸도 입자가 아니라 파동이다?" 이렇게 우리가 이해할 수 없다고 생각했던 현상들이 생기는데 이 현상들이 '불확정성 원리'라는 이름으로 알려진 것이다.

파동과 입자에 빗대 다르게 표현하자면, 우리가 인지하는 현실이 미리 실체로서 존재하고 있는 것이 아니라, 관찰자가 봄으로써 비로소 현실이 구성되는 것이다. 이 개념은 존재 아니면 비존재처럼 둘로 나뉘는 이분법적인 사고로는 다소 이해하기 힘든 것이 사실이다.

그러면 조금 본질에서 벗어나긴 하지만 쉬운 예를 들어보면, 우리가 학창 시절에 배웠던 김춘수 시인의 〈꽃〉을 생각해 보자. 내가 무언가를 인식하고 이름을 불러주지 않을 때는 단지 존재할 뿐이지만, 이름을 불러주면 비로소 나에게 꽃으로서 다가오는 것이다. 즉, 이름을 부르는 주체가 관찰자이고, 이름을 부르는 행위가 관측이고, 존재에서 꽃으로 변하는 것이 파동에서 입자로 변하는 것과 같은 맥락이다.

전자에 빛을 쪼이면 전자를 때린 빛이 관찰자의 눈에 들어오고, 그때 관찰자는 전자의 위치를 알게 된다. 그런데 이때 빛이 전자를 때려 튕겨내므로 전자의 속도가 변하게 되므로 관찰자가 전자의 위치를 확인하는 순간 관찰자는 전자의 속도에 대한 정보를 잃게 된다. 전자의 속도를 정확히 측정하면 이번에는 전자의 위치에 대한 정보를 잃게 된다.

그 결과 미시세계(눈에 보이지 않는 세계)에서는 결코 입자의 위치와 속도를 동시에 정확하게 측정할 수가 없다. 이것이 '불확정성 원리'이며, 인간의 사물 인식에는 원리적으로 피할 수 없는 한계가 있음을 말하며, 관찰자의 측정은 언제나 측정 결과에 영향을 미친다는 것을 뜻한다. 즉 '상호작용' 한다는 것이다. 관찰자의 측정이 언제나 측정 결과에 영향을 미친다는 것은 측정과 무관한 물리계란 없다는 뜻이며, 관찰자와 관찰 대상을 분리해서 생각할 수 없다는 것을 뜻한다. 따라서 불확정성원리는 관찰자와 관찰대상이 분리할 수 없는 하나 또는 전체가 그대로 하나임을 의미하고 있다. 즉, 세상에 존재하는 모든 것은 상호작용한다.

연기법, 우리는 홀로 존재할 수 없다

    세상에 존재하는 모든 것은 실체가 없다. 다만 우리가 그것을 관찰하려고 하므로 나타난다. 양자역학이란 물리학에서 거시세계(눈에 보이는 세계)의 바탕을 이루는 미시세계(눈에 보이지 않는 세계)를 다루는 물리학 분야이며, 양성자, 전자, 빛 등 우주에서 가장 적은 존재의 역학관계를 설명하는 분야이다. 앞서 이중슬릿 실험에서 언급한 것처럼, 입자는 측정하기 전까지는 입자의 상태를 알 수 없다. 서로 다른 특징을 갖는 상태를 중첩적(파동과 입자)으로 갖기 때문이다. 즉 관찰이 있기 전까지 미시세계의 존재는 가능한 모든 상태로 '동시에' 존재한다. 양자는 얽혀 있고, 공존하므로 분리할 수 없다는 뜻이다.

    이렇듯, 세상의 모든 관계는 상호작용하고 있고 분리할 수 없고 단독의 실체도 없다. 인간과 인간, 인간과 자연, 인간과 우주의 관계 속에서 말이다. 먼저 한 개인의 경우를 보자면, 인간은 남성 호르몬과 여성 호르몬을 동시에 가지고 있다. 다만 남성 호르몬인 테스토스테론과 여성 호르몬인 에스트로젠의 양의 우세에 의해 여성성과 남성성이 특징 지워진다. 두 호르몬이 적절한 비율로 있어야 문제가 발생하지 않는데 만약 호르몬이 완전히 분리되어 어느 한쪽이 없어지면 바로 몸에 이상이 생기는 것이다.

또한, 양자의 속성처럼 인간 내면에는 선과 악이 공존한다. 극한의 악함을 저지르는 사람도 다른 상황에서는 선한 사람이 될 수 있다. 아무리 선한 사람일지라도 자식을 위해서는 상황에 따라 기꺼이 악한 사람으로도 변하지 않겠는가. 우리는 누구나 완전한 존재가 아니다. 살아가면서 상황과 관계 속에서 누구나 선인도 될 수 있고 악인도 될 수 있고, 부처가 될 수도 있고 중생이 될 수도 있고, 하나님이 될 수도 있고 카인이 될 수도 있다.

상호의존성을 이해하기 위해서는 내가 누구인지 정의를 내려보는 것이 가장 쉬운 방법일지도 모른다. 이 세상 무엇도 그 누구도 다른 것과의 관계를 통하지 않고서는 독자적으로 설명하기는 불가능하다. 예를 들어 우리는 늘 자기소개를 할 때 가족 관계, 출신학교, 소속 등을 설명한다. 관계를 설명하지 않고서는 온전히 나에 대해 말하기가 쉽지 않다.

조금 더 깊이 들어가서 생각해보면 내 존재는 온 우주와 관계를 맺고 있다는 것을 알 수 있다. 생명체이든 아니든 모든 것은 서로 말미암아 일어난다. 이것이 있음으로 저것이 있고, 이것이 없으면 저것도 없다. 즉, 유와 무의 존재는 별개가 아니다. 2분 법적 사고로는 절대 이해할 수 없을 것이다. 이해를 돕기 위해 오행(五行)의 예를 들어보자.

오행은 세상을 이해하는 범주이며 우주의 탄생을 설명하고 있고 동양에서 오래전부터 사용해왔다. 오행은 우주 만물을 이루는 다섯 가지 원소, 즉 목(木), 화(火), 토(土), 금(金), 수(水)를 말한다. 이 오행들은 서로 상생 상극한다. 상생은 서로 돕는 것으로 이해하면 되는데 그 원리는 다음과 같다. 목(木) 생화(火):나무로 불을 때고, 화(火) 생토(土):불이 나면 땅에 온기가 생성되고, 토(土) 생금(金):땅속에서 금속이 생겨나고, 금(金) 생수(水):금속이 차가울 때 물이 맺히고, 수(水) 생목(木):물이 나무를 자라게 해 주는 것이다.

상극은 서로 극 하는 것으로 상생과 반대로 생각하면 된다. 목(木) 극토(土): 나무가 토양에 뿌리를 내리면서 극하고, 토(土) 극수(水): 토양이 물을 흡수해 버리고, 수(水) 극화(火): 물이 불을 끄고, 화(火) 극금(金): 불이 금을 녹이고, 금(金) 극목(木): 금으로 나무를 자르는 것이다.

이 원리는 여러 가지에 적용될 수 있는데, 나는 개인적으로 위가 좀 안 좋은 편이어서 건강 관리 차원에서 위 건강에 도움이 되는 오행 적용을 많이 했다. 먼저 내부 기관에 해당하는 오행을 보자. 목(木) 기운은 내부 기관으로 간과 쓸개에 해당한다. 화(火) 기운은 심장과 소장에 해당한다. 토(土) 기운은 위장과 비장에 해당한다. 금(金) 기운은 대장과 폐에 해당한다. 수(水) 기운은 방광과 신장에 해당한다. 위 내부 기관의 오행 원리를 나에게 적용해보면 나는 위(土)가 안 좋으므로 토 성분의 음식을 챙겨서 먹고, 위(土)를 극 하는 목 기운의 음식은 필요할 때 외에는 최대한 자제한다. 또한, 때때로 위(土)를 생해주는 화 기운의 음식도 챙겨서 먹는다.

그뿐만 아니라, 특정 기운의 음식을 너무 많이 먹었을 때도 적용한다. 이 경우에는 상극론이 적용된다. 매운맛은 쓴맛에 의해 억제되고, 쓴맛은 짠맛에 의해 억제되고, 짠맛은 단맛에 의해 억제되고, 단맛은 신맛에 의해 억제되고, 신맛은 매운맛에 의해 억제된다. 예를 들어서 나는 매운 음식을 좋아하는 편이라서 맵게 먹었을 때는 쓴맛의 음식을 조금 섭취하는데, 쓴맛에 해당하는 음식 중에 다크초컬렛이나 블랙커피를 연하게 해서 마셔

준다. 사람마다 다 체질이 다르므로 평소 실험을 해보고 몸에 맞는 방법을 적용하면 좋다.

이렇게 오행의 예를 든 것은 만물의 상관관계를 설명하기 위해서이다. 음양오행은 동양철학의 핵심이며 한국적 우주관의 근원을 이루고 우리 민족의 사상적 원형의 바탕을 이룬다. 음양오행 사상은 음(陰)과 양(陽)의 소멸·성장·변화, 그리고 음양에서 파생된 오행(五行) 즉, 목(木), 화(火), 토(土), 금(金), 수(水)의 움직임으로 우주와 인간 생활의 모든 현상과 생성 소멸을 해석하는 사상이다.

몇몇 사람들은 음양오행이 과학적이지 않다고 하기도 한다. 이것은 이 이론이 천지 만물에 적용되어야 하므로 과학의 결과처럼 정확한 결과를 보이는 것이 아니라 경향성만을 설명할 수 있기 때문이다. 우리는 앞서 양자역학을 살펴봤다. 양자역학 원리 또한 어떻게 보면 다른 과학이론처럼 정확한 이해가 힘든 것이 사실이다. 그리고 입자와 파동의 이중성을 눈으로 확인할 수 없다고 해서 부정할 수 없는 것과 마찬가지이다.

연기법에 의하면 나와 너, 나와 자연, 나와 우주는 독립적으로 존재할 수 없다. 만물은 상호의존적이다. 그러니 타인의 고통을 나의 문제로 인식하고, 인간이 잘살아가기 위해서는 생명체와 환경의 유기적 관계를 이해하고, 우주와 내가 하나가 된 순수한 마음을 유지하면서 살아가야 할 것이다.

제6장 Change 공존과 공생

공존과 공생을 실천하는 기업

잘못된 기업의 사례

다가올 4차 산업혁명 시대에 모두 함께 잘 사는 데 필요한 공존과 공생을 실천하는 기업들이 많아지고 있다는 것을 알고는 기쁨과 함께 안도감을 느꼈다. 아픈 우리 청춘들에게 희망이 될 수 있으니 말이다. 나는 글을 쓰기 이전부터 공익을 추구하는 기업, 철학이 있는 기업에 관심이 많았다. 그러던 중 대학원에서 브랜드마케팅 수업을 듣고 공부하다 기사에서 본 인상 깊은 기업들이 있어서 소개하고 싶다. 사실 기업의 브랜드마케팅 사례를 발표하는 과제였는데, 나는 그때도 멋진 광고를 하고 인기 있는 브랜드 회사보다 철학을 담은 브랜드마케팅에 더 관심을 가졌었다.

먼저 2016년 벤처 업계에 충격을 안겨준 신발업체에 관한 이야기다. 2013년쯤 엄청난 온라인 광고로 10대에서 20대 사이에 엄청난 인기를 끌었던 업체이다. 공격적인 마케팅 전략과 광고 비용으로 큰 이슈를 얻기 시작하면서 매출도 엄청나게 상승했다. 톱스타 아이유와 걸그룹 AOA와 전속모델 계약을 했고 드라마 협찬 등 할리우드 배우까지 모델 계약을 했었다. 매출은 500억 원까지 오르고, 폐업 전까지 101개의 매장을 개점했다. 그렇게 큰 수익을 창출하는 동안 기업은 부패해가고 있었다. 대표는 법인 명의로 리스한 수억 원대에 이르는 명품 스포츠카를 모으는 모습을 공개하기도 했고, 매출은 나고 있지만, 여건이 부족한데도 과도한 마케팅에 투자하거나 드라마 협찬을 무리하게 진행하기도 했다. 그렇게 공격적인 마케팅을 무리하게 계속하던 중 상품성에 큰 문제가 생겼다. 소비자들로부터 운동화의 전반적인 품질이 너무 떨어진다는 불만이 쇄도했다. 그러자 대표는 소비자들을 위해 품질 개선보다는 땡처리로 처리하면서 긴급하게 현금을 늘리는 전략을 선택했다.

현대 소비자들이 얼마나 똑똑한지 몰라도 한참 몰랐다. 당연히 회사의 이기적인 선택에 소비자 불만은 걷잡을 수 없이 커졌고, 이런 안 좋은 소문이 몇 달 동안 계속 형성되자 브랜드의 인지도에 민감한 10대 20대 소비자들에게 순식간에 외면을 받았다. 결국 온·오프라인 모든 직영 가게를 폐쇄하고 폐업을 선언했고 가맹점들은 엄청난 피해를 봤다.

20대 젊은 청년의 성공 신화가 3년 만에 막을 내리게 된 이유를 생각해 보자. 우선 빚을 내면서까지 과도한 마케팅을 하며 수익 추구에만 급급했고 고객, 거래업체, 가맹점주들과의 상생을 고려하지 않았다. 경영에 대한 지식도 이해도 부족했다. 대표는 브랜드를 탄생시키면서 과연 어떤 목표를 추구했을까? 소비자들은 소비함에 있어 브랜드와 기능성이 동시에 충족되는 제품에 돈을 쓴다. 브랜드는 철학과 가치를 담고 있어야 한다. 요즘은 좋은 철학과 가치를 가지고 있는 브랜드는 마케팅과 광고에 돈을 쏟아붓지 않아도 고객들이 진정성을 먼저 알아봐 준다. 오로지 수익 추구만을 목표로 하는 것이 아니라 철학과 가치를 가지고 공존과 공생을 조금이라도 추구했다면 아마 결과는 달라지지 않았을까?

이제는 반대로 공존과 공생을 실천하는 기업들을 살펴보자. 기업의 본질인 이윤 추구만을 목표로 하는 것이 아니라 사회적 책임의 수행을 위해 노력하는 기업들. 이런 가치 있는 기업들이 많아져서 많은 사람에게 나눔이 행복이 되어 돌아가고, 그들로 인해 또다시 나눔이 반복될 수 있는 사회가 되기를 간절히 바라는 마음이다.

직원과의 상생을 추구하는 기업

지난 2015년 미국의 한 카드 결제 대행사 CEO는 자신의 연봉을 깎아 120여 명에 달하는 일반 직원의 최저임금을 2017년까지 연 7만 달러로 올리기로 했다. 전 세계적으로 기업의 최고경영자와 직원 간 임금 격차가 갈수록 커지고 있는 상황에 비춰보면 매우 이례적인 일이다. 그는 자신의 자산을 키우는 것보다 직원들의 감정적 복지가 더 가치 있는 일이라고 여겼다.

CEO는 임금인상 부담을 소비자에게 전가하는 대신 자신의 연봉을 깎았다. 그의 연봉 100만 달러에서 직원 최저임금인 7만 달러만 받기로 한 것이다. 그는 "친구들로부터 자신들의 임금이 연방 최저임금을 훨씬 웃돌지만, 생활하기에는 빠듯한 수준이라는 말을 들었다"며 집값 상승과 카드빚으로 힘들어하는 직원들의 하소연을 들을 때마다 마음이 편치 않았다고 말했다.

2015년에 이렇게 과감한 결정을 해서 노동계로부터는 '영웅', 반대론자로부터는 '가장 위험한 CEO'라는 평가를 받았던 그는 2019년 지사 직원들에게도 이 같은 연봉 인상을 단행한다고 발표했다. 과감한 연봉 정책을 실시한 이후 고객이 늘면서 매출도 상승했으며 직원들의 만족도 또한 높아져서 이직률이 내려가고 경영 실적도 좋아졌다. 물론 그 당시 대주주 중 한 명인 그의 친형이 주주 이익에 반한다는 이유로, 이 정책에 반대하는 소송을 내기도 했고 모험이라고 우려한 사람들도 많았지만, 2019년에 추가 발표한 것을 보자면 성공했음을 짐작할 수 있다.

 우리는 이런 기사를 읽으면 대단하다고 느낀다. 또 한편으로는 그런가 보다 한다. 그런데 CEO의 이런 행보는 전 세계적으로도 매우 드문 경우이며 실천하기 더더욱 힘든 일이다. 회사 경영 차원에서도 옳지 않은 방법이라고 할지 모르겠지만, 직원을 위한 과감한 결정은 오히려 회사 전체에 큰 이익을 가져다주었다. 이런 회사를 본보기로 해서, 기업들이 공존과 공생을 위해 변화해나가기를 바라본다.

 한국의 경우를 살펴보자. 앞서 소개한 미국의 회사와 비슷한 행보를 걷는 우리 기업을 한 곳 소개하고자 한다. 배달 시장에 새로운 바람을 일으킨 배달 대행 기업이다. 앞서 미국의 회사를 소개하면서 그와 비슷한 행보를 걷는 한국기업을 소개하는 이유는 요즘 우리 사회에서 창업을 해서 성공하기도 힘들지만, 성공하고 난 이후 초심을 지키며 한결같은 마음으로 이끌어 가고 있기 때문이다.

 한 배달 대행 기업의 대표는 매일 아침 그의 오피스텔 앞에 모여 배달주문 단말기를 보며 새벽 배달 주문에 나서는 배달 기사들을 주의 깊게 본 이후 사업을 시작할 결심을 했다. 먼저 절친한 친구 2명과 모여 '무인화 자동 배차 시스템' 제작에 들어갔다. 그리고는 국내 열악한 배달 네트워크 시스템을 재정립한 후 그 위에 상거래 서비스를 구축해 배달시장 전체를 흔들어보겠다는 포부로 뭉친 인력이 30여 명. 이중 개발인력이 절반이 넘을 정도로 시스템 구축에 힘을 들였다.

우리나라 배달음식 시장규모는 10조 원에 달한다. 하지만 그의 설명에 따르면 시장 규모와 달리 배달 기사 처우는 바닥 수준이다. 배달업종 종사자 200만 명 중 점포에 소속되지 않고 혼자서 뛰는 개인사업자는 78만 명이다. 이들의 한 달 평균 수입은 150만 원 정도이다. 시간당 1건 정도의 배달 주문을 처리하면서 건당 약 5000원을 받는다. 기름값, 라이더 보험 등 유지비를 고려하면 시장 규모와 비교해 배달 기사의 처우는 크게 아쉽다.

최근 배달 앱이 성행하면서 상점 역시 수수료 부담이 커졌다. 배달 앱을 통해 주문이 들어올 경우 같은 값에 판매되는 상품임에도 배달 앱 업체에 수수료를 지급해야 하기 때문이다. 광고비 부담이 줄어든다는 장점이 있지만, 상점은 배달 기사를 통해 소비자에게 "다음에는 직접 주문해달라"고 귀띔하는 경우가 많다. 국내 배달 시장은 크기보다 불합리하고 열악한 것이 사실이다.

IT기술을 기반으로 최적의 시스템을 구축해 통합 배달 허브 망으로 인건비와 수수료 등 상점과 배달 기사의 부담은 줄이고 이들의 처우를 개선해 배송 문화 자체를 살리겠다는 게 그의 목표다. 또 그는 배달 기사들이 당당하게 돈을 벌 수 있게 하고 동시에 업계도 성장시키고 싶다고 한다. 사실 말처럼 쉬운 도전은 아니다. 3D 박봉 직업인 배달업계를 성장 시켜 나가면서 '나'가 아닌 '우리' 모두 함께 잘 살기를 꿈꿨기 때문에 가능한 것이다. 또한, 창업 이후 계속해서 성장해 나갈 수 있는 것은, 나 혼자만의 수

익 창출에만 급급하지 않고 직원을 가족처럼 여기고 그들의 안전과 근무 환경 개선을 위해서 힘썼기 때문에 가능했을 것이라고 본다.

그는 "기존의 배달 앱이 소비자만을 중심으로 기획됐다면 우리는 배달 기사, 상점 등과의 공생을 통한 시장규모 확대를 내다보고 있다"고 했다. 회사는 직원이 없이 운영될 수 없다. 직원 또한 일할 회사가 있어야만 존재할 수 있다. 그러니 서로가 상호작용을 하지 않으면 절대 잘 될 수 없다. 우리사회에 만연한 갑질이 이제는 더 이상 고개를 들 수 없는 사회가 되려면, 이렇게 공생을 추구하는 기업들이 더더욱 많아져야 할 것이다.

한국적인 것이 가장 세계적이다

코로나 대처 세계적 수준

우리 사회 구성원 개개인을 위한 공존과 공생을 실천하는 기업이 있다면 더 나아가 국가는 어떤 역할을 해줘야 할까? 해외 여러 나라에서 한국인들이 세계에서 가장 똑똑하다고 인정한다. 물론 동의하는 한국인들은 많지 않은 듯하다. 그러나 나는 확실히 그렇게 생각한다. 가장 똑똑할 뿐만 아니라 가장 근면, 성실하다고 생각한다. 그러면 이런 인재들이 모여 있는 나라가 그만큼의 빛을 보지 못하는 이유는 무엇일까? 물론 몇몇 분야에서는 전 세계를 놀라게 하고 있는 것은 사실이다. 그러나 그건 대부분이 개개인의 능력 발휘로 인한 것이고, 국가 경쟁력 측면에서 보자면 아직은 아쉬운 점이 많은 것이 사실이다.

그동안 나는 기업에서 글로벌 비즈니스와 관련된 매너 강의를 할 때면,

한국인들의 잘못된 매너, 품격 없는 행위를 지적하는 내용을 많이 다루었던 것이 사실이다. 그런데 실제로도 그러했다. 해외언론에서도 한국인의 비즈니스 매너를 비웃는 듯한 기사를 종종 다룬 것도 사실이고 서양인들의 기준에 맞는 매너를 갖추지 못해 비즈니스가 성사되지 못한 경우도 꽤 많았다. 그리고 심지어 청와대에서 진행하는 행사에서도 서양인들의 기준에 맞지 않는 경우를 종종 볼 수 있었다. 물론 해외언론에서도 조롱하듯 기사를 다루기도 했다. 지금까지는 사회 전반의 분위기가 글로벌 매너는 서양의 기준에 따르는 것이었다.

나는 사실 글로벌 매너 강의를 하면서도 왜 서양인들은 한국에 와서는 한국 매너를 따르지 않으면서, 우리가 해외에 나가서는 그들의 매너를 무조건 따라야만 대우를 받는 것인지 내심 불만이었다. 아마도 형평성에 너무 어긋난다고 생각했기 때문인 것 같다. 나는 가끔 강의를 하면서 우스갯소리로 "여러분 해외 나가셔서 영어 때문에 너무 쫄지 마세요! 가끔 영어를 못 알아듣겠으면 당당하게, In Korean, please? (한국어로 해주시겠어요?)라고 하세요!"라고 말한다. 그러면 강의를 듣는 사람들은 어이없어하면서도 뭔가 통쾌함을 느낀다며 진짜 꼭 그렇게 해볼 거라고 한다. 그러면 나는 이렇게 말한다. "그럼요 당당하게 해보세요. 부끄러움은 각자의 몫이니까요! 하하하."

그렇게 글로벌 기준에 맞춰서 살아왔지만, 우리는 지금 새로운 시대를 맞이했다. 전 세계가 고통을 겪고 있는 일명 '코로나 시대'이다. 이 위기의 시대에 전 세계에서 한국의 코로나 19 대처 방안을 모범으로 삼고 배우고자 한다. 물론 초기에는 해외에서 한국적인 방식에 크게 동조하지 않았던 것도 사실이다. 미국의 한 대학교수에 의하면, 한국과 미국의 차이를 보니 놀랍다고 했다. 미국은 개인주의 성향이 높아서 정부의 지침을 잘 따르지 않는 면이 있고, 거리에 나가면 마스크를 착용하지 않은 사람들이 꽤 많다고 했다. 그러면서 정부의 지침을 따르지 않아 이에 대한 대가를 치르고 있다며 미국은 한국으로부터 배울 것이 매우 많다고 말했다. 이런 면에서는 우리 국민성은 세계적이라고 단언할 수 있겠다.

한국에 와서 생활하는 외국인들이 가장 먼저 배우는 말 중 하나가 '빨리빨리'라고 한다. 나는 기업에서 강의할 때 '빨리빨리'에 어떻게 품격이 있을 수 있겠냐며 글로벌 시대에 발맞춰가려면 반드시 고쳐야 할 점이라고 지적하기도 했었다. 한국 사람들은 그만큼 성격이 급하다. 하지만 경제적 기적을 가능케 한 그 '빨리빨리' 덕분에 지금은 코로나 19 사태에 신속하게 대응함으로써 오히려 빛을 발하고 있다. 해외에서도 한국은 매우 빠르고 광범위한 검사가 이루어지고 있고 검사 비용도 낮아서 치사율은 낮고, 검사 정확도는 높다고 전하고 있다.

그리고 무엇보다도 K-방역이 모범 사례가 된 것에 일등 공신은 한국인들의 성숙한 시민 의식이다. '사회적 거리 두기' 캠페인에 자발적으로 참여하고 있고, 주요 건물에 열화상 카메라와 손 소독제를 비치하고 위생수칙을 철저히 지키고 있다. 오로지 모방이 아닌 한국만의 방식으로 대처해 나가고 있다. 이번 코로나 19 대처에 있어서만큼은 확실히 한국적인 것이 세계적인 것이 된 경우이다. 이번 사건을 계기로 한국만의 방식, 한국적인 것이 세계적으로 될 수 있도록 정부와 시민 모두가 반드시 변화를 맞이하고 동참했으면 하는 바람이다.

코로나바이러스는 인류의 삶을 바이러스 이전과 이후 삶으로 구분하게 했다. 지금 우리는 바이러스 변종의 도전을 극복하고 대처해야 하는 상황에 부닥쳐 있다. 포스트 코로나 시대를 대비해 우리는 변화를 받아들이고, 우리 자신도 변화해야만 한다. 지금 이 힘든 상황을 전 세계가 함께 겪고 있다. 바이러스의 진원지가 어디인지를 떠나서, 지금은 전 세계가 하나로 연결되어 대처해야 하고 경계를 구분하는 것 또한 사실상 무의미하다. 그런 만큼 나와 남, 국가와 국가, 전 세계를 넘어서서 모든 것이 하나임을 인식할 필요가 있다.

한국인, 말만 하면 다 된다

내가 몇 년 전 미국 휴스턴에 갔을 때 일이다. 샌프란시스코를 거쳐서 휴스턴으로 가는 여정이었다. 'LNG 17 Conference & Exhibition'에 참여하는 한국가스공사의 프레젠테이션 업무를 위해서 갔었다. 나는 회사 생활을 할 당시 해외 자원개발 프로젝트를 담당해 본 경험이 있어서 업무는 힘들지 않았다.

그런데, 일이 문제가 아니었다. 가는 여정부터 우여곡절의 연속이었다. 샌프란시스코 경유를 하면서 입국심사대에서 엄청난 일을 겪었다. 오버한다고 할지 몰라도 나에겐 손에 꼽히는 멘탈 초토화 사건 중 하나이다. 앞서 말했지만, 나는 회사생활을 하면서 중동국가 이란을 여러 차례 방문했었다. 미국과 이란은 적대 관계이고 거기다 내가 방문했을 그 당시, 미국 내에서는 북한이 한국을 침입한다고 해서 한국 사람들의 해외 도피설이 불거지면서 한국 사람들 특히 여성을 무작위로 골라서 조사한다고 했다. 북한침입, 해외 도피설은 정말 어이없었다. 어쨌든, 정말이지 무작위

선출이었다. 그런데 거기에 내가 딱하고 걸린 것이었다. 그리고 문제는 내 여권에는 떡하니 이란 방문의 증거가 남아있었다는 것이다. 그들의 기준에서는 아주 제대로 걸린 것이었다.

그 당시 이미 나는 매우 많은 해외 경험과 여러 차례의 미국 방문에도 불구하고 공항에서 이런 일을 겪은 것은 처음이라 조사실에 가서 멘탈이 붕괴하다 못해 초토화되었다. 얼굴은 창백해지고 등줄기에서는 식은땀이 흐르고 '이게 무슨 일이람, 내가 올해 삼재인가?'이러면서 몇 분을 멍하니 있다가 이내 정신을 차렸다. 문제는 같이 온 일행들이었다. 모두 입국심사대를 통과해서 나가 있었다. 그들은 모두 영어가 유창하지 않은 탓에 내가 입국심사대를 나오지 못한 것에 엄청 긴장 했었다고 한다. 나는 이 사실을 메시지로 알려야 겠다는 생각에 휴대전화를 꺼냈다. 그런데 이게 웬일인가. 조사실 안에서는 통신이 차단되어서 휴대전화가 불통이었다. 2차 멘붕이 또 왔다.

그리고는 다시 정신을 차리고 의자에서 앉은 채로 슬그머니 조금씩 옆으로 엉덩이로 이동해서 조사실 문 근처에 앉았더니 신호가 잡혔다. 사람들이 문을 열고 드나들 때마다 신호가 잡히는 것이었다. 혼자 '앗싸'하며 속으로 쾌재를 불렀다. 그런데 이번엔 감독관이 휴대전화 사용 금지라며 으름장을 놓았다. 말만 그런 것이 아니라 눈으로 엄청난 험한 말을 하는 것 같았다. 나는 안 그런 척 했지만, 엄청 주눅 들었다. 속으로 '흥, 칫, 뿡' 하며 알겠다고 대답하고는 가방 속에 손을 넣어서 샌드버튼을 수십 번을 눌러서 겨우겨우 메시지를 보냈다. 사람들이 문을 열고 드나들 때만 겨우 신호가 잡혔기 때문이다.

그렇게 해서 내 차례가 되었을 때 입국 이유와 여러 가지 질문에 대답하고는 통과해서 경유하는 곳으로 가게 되었다. 걸어가는 동안 손발이 덜덜 떨리는 '수전증'을 난생처음 경험했다. 정말이지 그때의 놀람과 긴장된 기분을 아직도 잊을 수가 없다. 생각해보니 긴장해서 감독관의 질문에 온갖 '아무 말 대잔치'를 하고 나온 것 같기도 하다. 어떻게든 나는 휴스턴을 가야만 했으니까. 휴스턴에 도착해서는 LA에서 출발해서 오는 일행을 기다리는데, 비행기가 4시간 이상 연착되었다. 일행으로부터 아무 연락이 안 되는 상태에서 연착이라서 엄청 걱정하며 기다려서 겨우 만났다. 나는 일도 시작하기 전에 이미 에너지 방전 상태였다.

그렇게 해서 행사 리허설을 시작했다. 그런데 또 문제가 발생했다. 영상 장비가 말썽이었다. 여러 개의 모니터를 결합해서 대형 화면을 연출해내는데, 그중 몇 개의 모니터가 켜지지 않았다. 대행사에서 컴플레인 했더니 미국 현지의 담당업체에서는 모니터를 바로 구해 올 수 없다고 했다. 한국에서는 아니 한국인에게는 있을 수 없는 일이었다. 무조건 모니터를 구해 와야 한다고 했더니 현지 미국인 담당자는 왕복 18시간 걸려서 다녀와야 한다며 난색을 보였다. 난 정말이지 그 상황을 보고 있자니 샌프란시스코 공항에서의 악몽이 떠오르며, 맥이 다 빠지는 것만 같았다.

그러나 한국인이 어디 그냥 가만있었겠는가. 미국인 담당자에게 함께 가겠다고 한국인 대행사 직원이 나섰더니 마지못해 모니터를 가지러 출발했다. 그다음 날 행사 시작 전 까지만 도착하면 되었다. 난 그 모습을 보고는 '역시 한국인이야, 한국인은 안되는 게 없지, 그럼!'이라며 안도를 했다. 왕복 18시간을 두 명에서 에너지 드링크를 마셔가며 번갈아 운전해서 다녀왔다. 그리고는 무사히 행사 첫날을 맞이했다. 오프닝 행사를 하면서 뿌듯함이 밀려왔다. 나는 더욱이 공항에서의 사건을 생각하며 혼자 울컥하기까지 했다.

실제로 그랬다. 한국에서는 행사장에서 정말이지 말만 하면 안되는 게 없다. 클라이언트의 모든 요구를 대행사도 통역사도 프레젠터도 다 해낸다. "한국인의 말만 하면 다 된다!"를 아마 외국인들은 상상도 못 할 것이다. 그런 비슷한 일이 또 있었다. 삼성 4G 포럼에서 내가 진행했던 와이브로(Wibro)기술 시연을 토리노 동계올림픽에서도 진행했는데, 그때는 현지 프레젠터가 진행했다. 그 당시 삼성 담당자가 토리노 행사를 마치고 난 이후, 한국의 프레젠터들은 정말 말만 하면 다 해낸다는 것을 새삼 깨닫게 되었다며 한국 사람들 대단하다고 했다.

한국적인 것이 가장 세계적인 것을 세계 여러 나라를 다니며 깨달았다. 그리고 지금 코로나 대처로 더욱더 한국인의 저력을 깨닫고 있다. 한국인은 대단한 잠재력을 가지고 있다고 확신한다. 그러나 여러 가지 제도적인 문제와 상황으로 인해 실력 발휘가 안되는 것이 너무 안타깝다. 한국이 세계에서 우뚝 설 수 있는 날이 올 수 있도록 개개인에서부터 국가가 지금의 기회를 놓치지 않고 변화에 앞장서주기를 간절히 바란다. 무엇보다도 새로운 시대의 변화를 인식하고 바꿔 나가야 할 것이다.

공존과 공생을 위한 인류의 나아갈 길

2007년 아프리카 케냐 몸바사에 갔을 때이다. 2011년 세계육상선수권대회 대구 유치를 위한 행사에 참여했었다. 우리나라 대구뿐만 아니라 러시아 모스크바와 호주 브리즈번에서 참여를 했고 국제적인 행사이다 보니 비행기표를 구하기가 쉽지 않아서 3번을 경유해서 힘들게 몸바사에 도착했다. 몇 번의 경유와 장시간 비행으로 몸이 지치고 힘들었고 내 영혼은 몸과 따로 분리되어 허공을 맴도는 듯한 기분이었다. 심지어 모든 해외여행 때 나만의 철칙인 '기내식 꼭 챙겨 먹기'도 마다하고, 몸바사에 도착하기 직전엔 '내가 무슨 부귀영화를 누리겠다고 이 먼 곳까지 왔나' 싶었다. 그러나 날씨가 맑아서 비행기 안에서 킬리만자로산을 보고는 자연의 경이로움에 감탄하며 몸도 마음도 한결 가벼워졌고, 이곳에 올 수 있는 행운이 나에게 주어진 것에 대해 세상 모든 것에 감사한 마음이 들었다.

케냐 나이로비에서 로컬 비행기로 최종 목적지인 몸바사에 도착했다. 더위는 말할 것도 없었고, 모기의 습격이 생각보다 꽤 힘들었다. 하지만 고된 일이 끝나고 휴식을 취하면서 밤마다 밤하늘에서 쏟아져 내리는 별빛을 볼 때면 정말 지상 낙원이 따로 없었다. 역시 천국은 따로 있는 것이 아니었다.

또한, 개최지가 대구로 확정되는 순간 한국에서 함께 간 모든 관계자는 하나같이 눈물을 흘릴 수밖에 없었다. 러시아 모스크바와 호주 브리즈번을 제치고 유치에 성공한 것이었다. 특히 러시아 정부의 강력한 지원을 등에 업고 막판까지 접전을 벌인 모스크바를 눌러 더 큰 감동을 안겨줬다. 대구시와 정부 그리고 시민들이 3년간 우여곡절을 이겨 내고 노력한 결과인지라 다들 눈물이 날만 했겠지만, 나는 왜 눈물이 나는지 하여튼 그 울컥하는 감동은 모든 이에게 전달되었고, 발표되는 순간의 뭉클한 그 심정을 아직도 잊을 수 없다.

가장 기억에 남는 것 중 하나는 아프리카에서 먹을 수 있는 야생 고기였다. 나는 개인적으로 육식을 즐기지 않는 편이라 제공되는 모든 종류의 야생 고기를 먹지는 않았다. 아니 차마 먹을 수가 없었다. 나는 보기보다 비위가 약한 사람이다. 그러니 식사때마다 평소 내가 먹지 않는 야생 고기들을 먹을 수는 없었다. 기린, 버팔로우, 누우, 쿠두, 악어고기를 비싸고 귀한 것이라며 무조건 먹는 사람들도 있었지만, 나는 무조건 먹지 않았다. 아무리 비싸고 귀한 고기라고 해도 나는 내 몸이 더 소중했다. 비위 상해가며 먹는 음식은 분명 탈이 나는 체질이니 말이다.

최근에도 기사에서 보면 아프리카 등 저소득 지역에서 수백만 가구가 야생동물 산업에 의지하고 있다고 한다. 당연히 과거에서 현재로 오면서 불법 거래는 점점 늘어났을 것이고 멸종위기종도 늘어났을 것이다. 우리는 지금 인간의 이기심으로 수많은 종의 동식물을 파괴하고 있다. 인간은 자연의 일부이다. 그런데 그 일부에 해당하는 인간이 앞날을 내다보지 못하고 겁 없이 자연을 마구 헤집어 놓고 있다.

유엔의 생물 다양성 국제기구(IPBES)가 발표한 바에 따르면, 인간이 자연에 미치는 영향은 매우 치명적이다. 1만 5,000여 건의 참고 자료를 바탕으로 도출된 이 보고서는 지구의 생물 다양성이 얼마나 많이 손실됐으며 또한 인류가 남은 종에 미치는 영향은 어떠한지를 여실히 드러냈다. 우리는 자연의 일부이고, 또 자연의 건강함이 이 다양성에 의해 결정된다는 것을 고려해보면 우리 스스로 위기감을 느끼지 않을 수 없다.

가장 먼저 전 세계가 2000년까지 잃은 습지 규모는 85%에 달했다. 현재 진행되고 있는 산림 손실보다 3배나 더 빠른 속도이다. 보고서는 인간의 행동이 대부분 육상 및 해양 환경을 심각하게 변화시켰다고 지적했다. 보고서가 지적한 또 다른 핵심 쟁점은 토착민들이 소유하던 지구 면적의 감소(28%)이다. 공식적으로 보호된 지역의 40%, 그리고 인간 개입이 매우 낮은 나머지 모든 지상 영역의 37%가 여기에 포함된다.

식물과 야생동물이 치명적인 영향을 겪고 있다는 사실은 그리 놀랍지 않다. IPBES는 전 세계 종의 4분의 1가량, 즉 100만 종의 동식물이 멸종 위기에 처해 있다고 경고했다. 구체적으로 양서류의 40%가 멸종 위기에 처해 있으며, 다음으로는 침엽수 34%, 산호초 및 해양 포유류 33%, 상어와 가오리 31%, 특정 갑각류 27%, 포유류 25%, 조류 14% 등이 뒤를 이었다.

물론 생물 다양성 손실은 자연적으로도 발생할 수 있다. 그러나 인간의 활동은 악화 속도를 높이는 주범이다. 자연의 길을 우리는 함부로 좌지우지해왔다. 인간의 자연에 대한 무지의 소행이자 이기심의 표출이다. 자연을 대하는 우리 인간을 보면 정말 무지의 끝은 과연 어디인가? 싶을 정도이다. 앞으로 우리 인류 사회가 인도적 생태주의로 들어서길 바란다. 앞서 연기법을 언급한 것처럼, 독자적으로 존재할 수 있는 것은 아무것도 없다. 환경문제를 떠나서는 인간의 삶을 논할 수는 없다.

우리는 그동안 너무 인간의 입장만 고집하면서 살아온 것이 아닌지 반성해봐야 할 때이다. 과연 자연과 동, 식물이 영원히 그 자리에 있어 줄 것으로 생각한 것일까? 아니면 인간은 가장 우월한 존재로서 인간의 의지에 따라 자연계까지 통제할 수 있을 거로 생각한 것일까? 지금, 코로나바이러스로 힘든 시기를 겪고 있는 이 상황이 우리에게 경종을 울려주고 있다고 생각한다. 이 시점에서 우리는 누구의 잘잘못과 진원지를 따지는 것을 떠나서 모두 함께 인간과 자연의 공존과 공생에 대해서 깊게 생각해 봐야 할 것이다.

제7장 Change 새로운 세상을 맞이하는 힘, 변화

아는 만큼 보인다

내가 7살 때이다. 부모님 따라서 버스를 탔는데, 그 당시 버스 곳곳에는 '벨을 누르세요.'라는 말 대신 '부저를 누르면 문이 열립니다'라고 붙어있었는데, 한글을 띄엄띄엄 아는 나에게는 세상 심각한 문구였다. 나는 부저를 부자로 이해했고, 고로 부자 즉, 부유한 자가 누르면 문이 열린다는 것으로 이해했다. 내가 이 얘기를 할 때마다 듣는 사람들은 배꼽 빠지게 웃지만, 7살 유치원생한테는 세상 심각하고 진지한 일이었다. 혼자, 마치 명탐정이라도 된 듯, '기사 아저씨는 부자를 어떻게 구분해서 문을 열어주지?'라고 생각하며, 나는 한 명, 한 명 벨을 누를 때마다 부자처럼 보이는지 살펴보고, 또 문이 열리는지 확인했다. 그런데 이상한 것이 모든 사람이 누를 때마다 문이 다 열리는 것 아닌가! 세상 모든 것이 내 인식의 중심으로 돌아가야 하는 7살에게는 정말 심각하지 않을 수 없었다.

나중에 내려서 엄마한테 이 심각한 사태에 관해서 얘기했더니 부저와 부자의 뜻이 다름을 설명해 주셨다. 이 글을 쓰는 지금 나 자신도 그때의 나를 생각하니 혼자 박장대소하지 않을 수 없다. 아는 만큼 보인다는 말이 있다. 이것은 비단 아이들에게만 해당하는 것은 아니다. 우리가 모두 자신의 인식 한계에 갇혀 자신이 아는 만큼만 볼 수 있는 것이다. 인간은 오감을 통해서 들어온 의식에 저장된 식에 따라 보게 되고, 감정을 일으키고, 느끼고, 판단하고, 행동한다. 즉 자기 생각에 사로잡혀 자기 생각이 곧 진리라고 생각하거나, 주관을 객관화시키는 것이다.

우주, 세상, 자연, 사람을 이해하는 데도 내가 아는 만큼만 보고 이해할 수 있을 것이다. 어떻게 감히 인간이 다 알 수 있다고 자만할 수 있겠는가. 그러니 나의 인식의 기준으로 외부를 섣불리 판단하지 말고, 상대의 입장이 되어 보려고 노력하길 바라는 마음이며, 그중에서도 가장 먼저 자기 자신을 알기 위해 노력했으면 하는 바람이다. 자기 자신을 먼저 알아가면서 스스로 내면의 힘을 키우고, 행복해지는 길을 찾고, 시련을 이겨내는 강인함을 기르고, 사람과 사람, 자연, 그리고 우주와의 공존과 공생의 길로 나가길 바란다.

미래는 예측하는 것이 아니라 설계하는 것이다

우리는 지금까지 살아오면서 늘 미래를 예언, 예측하는 사람들의 말에 귀 기울여왔다. 언론에서 내보내는 미래 예측은 우리에게 늘 심각하게 받아들여졌다. 그러나 문제는 우리의 언론은 그 예측이 맞는지 틀렸는지는 잘 알려주지 않는다는 것이다. 알고 보면 틀린 예측이 훨씬 더 많은데도 말이다.

그리고 또한 앞으로는 예측 못 한 일도 더 많이 발생할 것이다. 지금의 우리 상황만 봐도 그렇다. 우리의 일상을 완전히 바꾼 코로나 시대를 맞이할 줄 누가 상상이나 했겠는가. 아마도 앞으로는 예측하지 못한 일은 더욱 더 많이 발생할 것이다. 당연하지 않겠는가? 우리의 인생 자체가 예측 불가능의 연속이니 말이다. 또한, 경험과 지식으로 예측해 낸 정보들은 모든 변수를 담아낼 수는 없다. 늘 그 변수라는 것이 항상 우리를 안드로메다로 보내 버리는 최대의 골칫거리이다.

이제는 더 이상 미래를 예측하지 말고 설계해 나가야 한다. '예측'은 미리 헤아려 짐작한다는 뜻이다. 그러니 그 짐작이라는 말에는 확신을 부여할 수 없다. 예측이 빗나갔을 때는 더더욱 곤란해진다.

내가 글로벌 프로젝트를 진행할 때이다. 4,000억 규모의 프로젝트였다. 한국, 일본, 중국, 러시아, 카자흐스탄, 호주의 각 업체가 참여해서 진행하는 것이었다. 나는 바이어와 셀러 사이에서 거래를 조율하는 실무를 담당했다. 공교롭게도 나는 나이가 가장 어렸지만, 그 분야의 경험이 가장 많았기에 핵심 역할을 하게 되었다. 비즈니스에서 나이는 당연히 중요한 것이 아니지만, 한국의 어르신들 사이에서 나는 가장 나이가 어리다는 이유로 꽤 고생했다. 업무보다 더 힘든 것이 한국의 어르신들 비위 맞추기였다고 해도 과언이 아니다.

어쨌든 비즈니스를 진행할 때는 절차에 따라 단계별로 진행이 착착 되리라 생각하는 사람들도 꽤 있을 것이다. 그리고 경험이 많지 않을 때는 더욱이 그렇게 생각한다. 그러나 비즈니스 규모가 커질수록 매 단계 우리의 분노 게이지를 상승시키는 엄청난 숨은 변수가 존재하고 있다. 나는 경험이 어느 정도 있었으므로 다양한 변수를 예측하고 진행했음에도 불구하고 매 단계 엄청난 고난의 연속이었다. 정말이지 이 프로젝트를 진행하면서 몇 년은 늙은 것 같기도 하다.

가장 힘들었던 것이 중국 측의 업무 처리였는데 정말 상상 초월이었다. 중국을 깎아내리는 것은 아니니 절대 오해는 없었으면 하는 바람이다. 오직 내 경험만을 얘기하는 것이다. 내가 담당한 중국 회사의 비즈니스 방식은 세계적으로도 연구대상이었다. 미리 충분히 중국 문화와 비즈니스 스타일에 대해 연구했음에도 불구하고, 매 단계 나는 그저 "와, 이거 대체 뭐야"이 말만 내뱉었다. 지금 생각해도 뒷골이 당기는 정도이다. 그러나 나는 실무자이고 일을 해결해야 하므로 말로 안 될 때는 무조건 중국으로 직접 날아갔다. "아! 내 돈…"이라고 외치며 엄청나게 갔었다. 정말 중국에 가서는 온갖 방법을 다 생각해내고 연구해서 대응했다. 예측 따위는 하나도 통하지 않았다. 상황마다 해결할 방법을 창조해내서 해결했을 정도이다. 정말 '창조'라는 말은 이럴 때 쓰는 건가 싶을 정도였다. 나만의 중국비즈니스 족보가 하나 완성된 셈이다. '안 되면 되게 하여라!'는 말은 그 당시 나에게 아주 찰떡같은 명언이었다.

이렇듯 우리는 예측만으로 되지 않는 경우가 무수히 많다는 것을 이미 잘 알고 있다. 그런데도 우리는 습관처럼 그 예측을 쫓아가게 된다. 이제는 예측에 의존하기보다 나만의 길을 찾고 그 길을 직접 설계해 나가야 한다. 창조력이 필수이다. 그렇지 않으면 4차 산업혁명 시대에 살아남기가 힘들어진다. 무엇보다도 나 자신을 온전히 알 수 있을 때 통합적 사고가 가능해지고 나아가 창조력이 발휘된다. 창의력, 창조력을 위한 별다른 방도가 있는 것이 아니다. 배운다고 해서 되는 것도 아니다. 근원적으로 나의 내면을 탐구하는 것에서부터 시작해야 한다. 결국, 나를 구할 수 있는 것은 오직 내 자신이다.

변화를 두려워하는 우리

인간은 기본적으로 변화를 거부하는 속성이 있다. 나부터도 그렇다. 그러나 지금 세상의 변화속도는 상상을 초월한다. 가장 중요한 것은 변화에 익숙해져야 한다. 변화를 인정하고 받아들여야 한다. 변화를 인정한다는 것은 새로운 것을 배울 준비도 함께해야 함을 뜻한다. 변화를 받아들인다는 것은 내가 모르는 것을 받아들인다는 것인데 그것이 곧 배움, 학습을 뜻하는 것이다. 즉 세상이 변하는 속도만큼 내가 변하는 속도, 즉 학습하는 속도도 어느 정도 맞춰 나가야 한다.

나의 엄마는 60대 후반이시다. 주위 대부분의 사람이 스마트 폰을 바꿀 때도 끝까지 폴더폰을 고집하신 분이셨다. 그러다 어느 날 나와 통화를 하던 중, 내가 스마트폰으로 인터넷 쇼핑을 하면 마트를 직접 가는 것보다 싸게 사기도 하고, 집 앞 배송까지 해주니 너무 편하다고 했더니 그게 부러우셨던지 스마트폰으로 한번 바꿔봐야 하시겠다는 것이다. 역시 주부의 관심사는 살림이다. 그렇게 스마트폰으로 바꾸시고는 서비스센터에 무료교육을 다니시면서 사용법을 아주 열심히 익히셨다. 혼자 인터넷 쇼핑으로 최저가 구매를 하시며 그렇게 즐거워하신다. 시장보다 훨씬 싸고 집 앞까지 배달해 주니 이렇게 편한 세상이 어디 있냐고 하시며 신세계가 열린 듯 스마트폰을 즐기신다.

지금 엄마는 친구들 사이에서 '핸드폰 여사'로 통하신다. 모든 엄마 친구분들은 스마트폰 사용법과 관련한 것은 무엇이든 엄마한테 물어보신다. 세상의 변화를 무조건 좇아가야 한다는 것은 아니다. 그러나 변화를 받아들이면 그만큼 편리한 것도 이득도 많아질 것이다.

우리는 누구나 변화를 싫어한다. 마치 인간의 본성인 것처럼. 그러나 나이가 든다는 것 자체가 이미 큰 변화이고 받아들이고 싶지 않은 것이다. 누구나가 입버릇처럼 "내가 이렇게나 빨리 나이가 들 거라고는 상상도 안 해봤어."라고 말하기도 한다. 나이가 들수록 변화하기는 더욱더 힘들어진다. 외모의 변화, 마음의 변화, 관계의 변화, 규칙과 제도의 변화, 나 자신의 변화 등을 받아들이기는 쉬운 일이 아니다. 나를 바라보는 타인들의 시선을 배반하고 싶지 않아서 이기도 하고, 무엇 보다 변하지 않아야 스스로 심리적인 안정감을 느끼기 때문이다.

그러나 지금은 너무 많은 것들이 빠르게 변화하고 있다. 나 또한 내가 잘하는 것만 고집하는 경향이 있다. 하지만 이 사회가 그런 나를 더는 받아주지 않는다는 것을 뼈저리게 실감했다. 지금까지의 가치관을 지킬 것은 지키고 바꿀 것은 과감히 버리고 자리에서 박차고 일어나 변화에 뛰어들어야 한다. 세상이 변하는 속도는 더욱더 빨라질 것이고, 기존의 사고체계로는 지금 이 세상에서 설 자리를 찾지 못할 수도 있을 테니 말이다. 다양한 가치관, 세계관을 수용할 때 그로 인한 결과물 또한 다양해질 것이다.

그렇게 외부 세계의 변화를 수용하면서 이제 우리는 자신의 내면세계를 반드시 살펴봐야 한다. 현대의 사람들은 스마트폰을 손에 든 채 들여다보고는, 쉼 없이 무언가를 탐구한다. 과연 그 속에서 어떤 대단한 것을 찾고, 보고, 탐구하는 것일까? 우리는 눈에 보이는 객관적인 실체 위주로 삶을 살아가고 있다. 정작 중요한 내면의 실체는 무엇인지 탐구하려고 하지 않는다.

언택트 시대를 대비하자

　전 세계의 사람들은 일명 '코로나 시대'를 살아가고 있다. 급격한 변화의 시대에서 저절로 맞이한 시대가 아닌 압력에 의해 변화를 강요받는 상황에 부닥쳐 있다. 즉, 우리는 원하든 원하지 않든 변화에 적응해서 살아남아야 한다. 먼저, 모든 일상이 바뀌었다. 코로나바이러스로 인해 접촉하지 않는 비대면 생활을 하고 있다. 기존에 우리가 불가능하리라 생각 했던 생활이 가능해지고, 우리는 적응을 강요받고 있다.

　또한, 코로나바이러스는 4차 산업혁명을 더 가속화하고 있다. 비대면 경제가 활성화되면서 산업 전반에서 급격하게 진행되고 있는 디지털(Digital) 전환으로 인해 4차 산업혁명이 가속화되고 있다. 우리는 이제 디지털(Digital) 혁명을 받아들여야 한다. 아날로그를 추구하는 사람도 결국 생존을 위해서는 아날로그는 감성으로만 간직한 채 디지털 기술을 활용해서 살아가야만 한다. 또한, 아무리 코로나바이러스 이전 생활로 돌아간다고 해도, 시간이 지나면서 기후변화에 따른 또 다른 바이러스와 변종 바이러스가 출현할 것이며, 그에 따른 디지털 기반의 사회는 더욱더 견고해지고 확장될 것이 분명하다.

　나는 IT 분야 전문 프리젠터로서 2000년도 초반부터 IT 분야의 최첨단 기술을 접하고 있다. 기술의 변화 속도는 갈수록 더 빨라지고 있다. 3G(3세대 이동통신) 기술에서부터 발전 속도가 빨라졌고, 5G(5세대 이동통신) 시대인 지금은 변화를 체감하기도 힘들 정도라고 해도 과언이 아니다. 1세대 이동통신 기술부터 시작해서, 기술은 사람과 사람 간의 연결을 자유롭고 편리하게 해주었고, 초연결 사회에서는 사물 간의 연결로 확장되었고, 나아가 사람과 사물 간의 연결을 통해서 새로운 서비스를 경험하고 새로운 사회를 살아갈 수 있게 해주었다. 우리가 비대면 생활을 할 수 있게 해주는 것도 이동통신 기술이 있어서 가능한 것이다.

　자, 그럼, 이렇게 최첨단 기술의 시대에 우리는 어떻게 살아가야 할 것인지를 생각해 봐야 한다. 먼저 기술과 지식에 앞서서 필요한 우리의 마음가짐에 대해서 이 책에서 살펴보았다. 그러면 이제 기술적 엘리트로 성장하는 것 또한 필요하다. 코로나 시대에 모두는 생존을 위협받고 있다. 즉, 어떤 직업이냐에 따라 피해 정도가 다르게 나타나고 있으며, 많은 사람이 불안해하고 있다. 비대면 생활이 도래할수록 인공지능 로봇의 수요는 늘어날 것이며, 그에 따라 우리는 직업을 잃을 걱정을 더 많이 해야 한다.

　앞으로 시대에 맞는 직업만이 살아남을 것이다. 이제는 더 이상 걱정만 하고 있을 수는 없다. 변화를 인식하고 바꿔나가는 노력을 해야 한다. 혹여라도 시간이 좀 지나서 완전한 코로나 이전의 생활로 돌아간다고 해서 안주해서는 안 된다. 4~5년 후의 삶을 미리 대비한다고 생각하고 디지털 기반의 직업으로 전환해 나가는 준비를 해야 한다. 완전한 디지털 기반으로 전환이 힘들다면, 온라인과 오프라인의 병행으로 자유로이 넘나들 수 있는 분야를 준비해야 한다. 지금부터 하루빨리 본인의 관심사와 역량에 맞는 디지털 기반의 일을 찾고 연구해 보자. 그 누구도 대신해줄 수 없다. 본인이 스스로 해야 하는 일이다.

그 누구도 아닌 나의 경우가 그러했다. 코로나바이러스가 시작되었을 때 대면 수업을 해야 하는 강의가 모두 취소되었다. 관련 행사도 모두 취소되었으니, 그야말로 생존에 심각한 위협을 느꼈다. 나는 정말이지 길어야 몇 개월 후면 다시 이전으로 돌아갈 것이라고 굳게 믿고 있었다. 그런데 현실은 정반대였다. 몇몇 기업에서 온라인 강의를 제안했으나 나는 처음에는 단칼에 거절했었다. 무슨 생각으로 그랬는지 지금 생각하니 웃음만 나올 뿐이다. 그러다 진지하게 고민을 해봤다. IT 기술의 변천사를 몸소 체험한 내가 세상을 너무 우습게 본 것이었다. 이제는 명명백백 디지털 시대이다. 아니 이미 그러하다. 나도 변화에 더욱더 앞장서야겠다고 느꼈다. 그리고는 모든 수업을 온라인으로 라이브 강의를 진행하도록 철저히 준비했고, 지금까지 주로 온라인으로 수업을 진행하고 있다.

우리가 모두 인공지능 때문에 일자리를 잃을 것이라고 걱정했던 것이 사실이다. 그런데 지금은 인공지능 때문이 아닌 코로나 팬데믹(Pandemic)으로 인해 일자리를 잃을 상황에 놓이게 되었다. 우리는 이제 미래를 예측하는 것 또한 섣불리 할 수 없고, 강압적 상황에 언제 놓이게 될지도 알 수 없다. 그러므로 기존의 것들만 추구해서는 안 된다. 누가 얼마나 빨리 변화를 인식하고 바꿔나가느냐에 따라 미래는 달라질 것이다.

작은 것부터 실천하자

　고민 상담 중에서, 많은 사람이 마음은 먹는데 실천하기가 너무 힘들다고 한다. 인간은 누구나 자아실현 욕구, 성취 욕구가 있다. 정도의 차이가 있을 뿐이지 성취 욕구가 없는 사람은 없다. 그러다 보니 바라는 바를 성취하지 못할 때는 극심한 스트레스를 받는 사람도 있다. 변화를 인식하고 바꿔나가야 하는 이 시점에서도 실천은 반드시 필요하다. 기껏 인식하고 마음을 먹었는데 실천하지 않는다면 무슨 소용이겠는가. 작은 목표를 세우고 실천하여 성취하는 것부터 시작해보자.

　사람은 누구나 목표를 크게 가진다. 하지만, 문제는 그것을 이뤄내기가 만만치 않다는 것이다. 나 또한, 20대 시절엔 늘 목표를 막연하고 크게 세웠다. 지금 생각해도 웃음이 날 만큼 말이다. 과연 땅을 딛고 살긴 했나? 싶은 정도이다. 그나마 다행인 것은 많은 사람한테 나의 그 야심 찬 목표를 공개하지는 않았다는 것이다.

　목표가 크고 구체적이지 않으면 금방 지쳐버린다. 하루에 실천 가능한 구체적이고 작은 목표를 정해서 조금씩 이루어나가는 것이 현명한 방법이다. 우리가 모두 작심 3일에 지쳐버리고 마는 것은 이 현명함이 없기 때문이다.

운동이 대세라고 해서 나의 체력을 고려하지 않고 남들이 하는 기준에 따라서 하다가는 분명 작심 3일이 되고 만다. 남들이 하루 2시간씩 걷는다고 해서, 그들도 처음부터 그렇게 시작한 것은 분명 아니다. 처음 목표를 세울 때 가장 중요한 것은 반드시 자신을 파악하는 것부터 해야 한다. 소크라테스의 "너 자신을 알라"는 이렇게 삶의 전반에서 우리에게 큰 도움을 준다. 절대 남을 신경 써서 목표를 정하지 말자. 하루 10~20분이라도 괜찮다. 너무 소소한 목표가 아니냐고 할지 몰라도 반드시 작은 목표를 세우고 매일 성취해 나가는 보람을 느껴야만 발전이 있다. 꾸준히 실천하다 보면 반드시 2시간을 걷는 날이 올 것이다. 그러나 하루의 10~20분 실천이 없다면 영원히 목표달성은 없을 것이다.

이렇게 매일 실천을 해야 하는 이유는 실천을 꾸준히 해서 습관이 되고, 그 습관이 실력이 되고 곧 성공으로 이르는 길이기 때문이다. 우리가 자주 말하는 작심 3일은 많은 것을 담고 있다. 습관을 바꾸려면 최소한의 기본이 '3주'이다. 3주 동안 매일매일 실천을 해야 한다. 3주를 지속하면 뇌에 습관이 각인된다. 이것은 심리학자와 의학자의 연구를 통해서 밝혀진 것이다. 먼저 목표를 3주로 잡는다면, 그것을 위해 최소한으로 실천하기는 3일을 잡는 것이 도움이 된다. 3일 지속을 계속 실천한다면, 3주를 이뤄내는데 어렵지 않을 것이고, 최종적으로 3개월 동안 지속하면, 이 습관은 완전히 몸에 배게 된다.

나는 영어 관련 일과 강의를 오랫동안 해오면서 몸소 느낀 것이 있다.

듣고 말하기를 지속하는 영어 환경에서 살지 않으면서 영어 실력을 유지하기는 정말 힘든 일이다. 그래서 나뿐만 아니라 주위에 영어통역사나 강사들을 보면 매일매일 꾸준히 영어공부를 한다. 실력이 없어서 하는 것이 아니라 실력을 유지하기 위해서 하는 것이다.

핵심은 조금씩이라도 '매일매일'이다. 영어는 무조건 매일매일 공부해야 한다. 영어 실력만큼 정직하게 드러나는 것도 없다. 그러므로, 영어강의를 하는 강사들은 수강생들이 꾸준히 하고 있는지 아닌지 금방 알아차린다. 나는 늘 학생들에게 "영어공부는 머리로 하는 것이 아니라 몸과 마음으로 하는 것이다."라고 강조한다. 매일매일 실천하는 마음의 자세와 몸이 반드시 필요하다는 뜻이다. 비단 영어뿐만이 아니라 모든 분야에서 실천이 곧 습관이 되고 실력이 되어서 성공으로 가는 길이라는 것을 명심해주길 바란다.

현실을 살자

"꿈은 클수록 좋다"라고 했던가. 그렇다. 나 또한 한때는 이 말을 내 인생의 좌우명으로 생각하고 현실을 넘어서는 큰 꿈을 품었다. 현실적으로 가능한 것인지는 조금도 의심하지 않은 채 꿈을 꾸었다. 물론 꿈이 크면 안 된다는 뜻이 아니다. 현실적으로 가능한 것인지 생각해보자는 것이다.

나의 선배 중 한 명은 10여 년 가까이 본인의 꿈을 이루겠다며 고군분투하고 있다. 포기하지 않고 인내심을 가지고 끝까지 도전하는 것은 마땅히 칭찬할 만하다. 그러나 문제는 어떤 일을 해내기 위해서는 그 일의 과정과 필요한 것들을 먼저 파악하고 준비해야 한다. 즉, 일에는 순서가 있고 단계가 있는 것이다. 순서라는 것은 건너뛰고 나아가서는 안 되는 것이며, 그렇게 하다가는 결국 반드시 탈이 나게 되어있다. 전문성을 요구하는 일일수록 더욱더 그러하다. 그런데 선배는 그 순서와 단계를 무시하고 본인의 생각의 틀 안에서만 일을 진행하려고 하다 보니 성사되지 않는 것이다. 이런 경우는 본인의 능력을 파악하지 못한 채 무조건하면 된다는 생각으로 밀어붙이고 있는 것이다. 즉, 현실을 무시하고 이상만 추구하는 셈이다.

올림픽 메달리스트들은 '할 수 있다!'는 긍정적인 생각만으로 메달을 딴 것이 절대 아니다. 매일매일 우리가 상상할 수 없을 만큼 피땀 흘리며 노력한 결과이다. '할 수 있다!'는 말은 노력하고 실력을 갖춘 사람에게만 기적을 가져다주는 것이 분명해 보인다.

한동안 긍정주의가 유행이었고, 지금도 그러하다. 하지만, 막연한 긍정주의가 과연 삶을 바꿔줄 수 있을지 생각해 봐야 한다. 노력하지 않고 실력도 갖추지 않은 사람이 과연 긍정주의만으로 꿈을 이룰 수 있을까? 누구나 아니라고 대답할 것이다. 긍정주의자를 오해하지 않았으면 한다. 현실을 무시하고 이상만 추구하는 자는 결코 긍정주의자가 아니다. 그들은 허황된 꿈을 가지지도 않는다. 현실을 냉정하게 보는 사람이다. 그 현실 속에서 희망을 품고 최선을 다하는 사람이다. 우리 모두 진정한 긍정주의자가 되자. 노력하지 않고 성공하기를 바라는 것은 완벽한 놀부 심보이다.

마음을 바꾸면 말이 변한다

　내가 제주도에 여행을 갔을 때이다. 애월읍으로 맛집을 찾아갔다. 식당 바로 앞에 주차장이 있었는데, 공교롭게도 식당 자체 주차 공간과 유료 주차장이 같은 공간에 있었다. 표시가 명확하지 않아서 잘 보지 못했다. 나는 아무 생각 없이 유료 주차장 공간에 차를 주차했다. 주차관리 하시는 분이 자연스럽게 오시길래, "oo 식당에 왔어요."라고 했더니, 그분은 또 나보다 더 자연스럽게 주차 종이를 끊어 주시며 "삼천 원입니다."라고 하셨다. 나는 삼천 원을 주고 일행들과 내려 식당으로 식사를 하러 들어갔다.

　늦은 점심시간이라 사람들이 거의 없었다. 그러다 다른 손님이 식당 바로 앞에 주차하고는 그냥 들어오는 게 보였다. 나는 언뜻 인터넷 검색할 때 무료주차라고 했던 것이 떠오르기도 하고 뭔가 이상하다 싶어서, 식당 종업원에게 여기 무료주차 되냐고 물었더니, 그렇다고 대답했다. 그래서 자초지종을 얘기했더니, "주차 공간도 많은데 저희 쪽에 주차하시면 되는데…"라고 하셨다. 나는 몇천 원이 아까운 것 보다, 분명히 얘기할 것은 해야겠다는 생각이 들어서 식사하고 나가는 길에 주차 관리하시는 분에게 얘기했다.

나는 그분께 "선생님"이라는 호칭을 쓰면서 최대한 정중하게 자초지종을 설명했다. 어차피 돈을 돌려받고자 한 것은 아니었기 때문에 굳이 따지는 어투로 언쟁을 할 필요는 없었다. 그랬더니 처음엔 굉장히 불쾌한 표정으로 말을 듣다가 점차 표정이 밝아지면서, 관광할 거면 차를 여기에 두고 시간은 신경 쓰지 말고 충분히 하고 오라고 하셨다. 내가 마음공부를 하기 전이었다면, 아마도 날카로운 말로 따지듯이 반드시 삼천 원을 받아내고 말겠다는 불굴의 의지로 매우 불쾌하게 말했을 것이다. 그러나 마음공부를 하고 난 후 말을 할 때도 작은 것이 바뀌었다. '마음에서 우러나는 말'이라는 표현이 있는 것처럼, 마음에서 진심으로 우러나는 말은 상대의 마음을 깊이 파고든다.

우리는 말 한마디 좋게 하는 것이 돈이 드는 것도 아님을 잘 아는데, 그 감정이라는 것이 조절되지 않아서 말을 함부로 내뱉고 손해를 본다. 꼭 손익을 떠나서라도 우리는 모두 평등한 인간이지 않은가. 물론 평등이라는 말에는 동의하고 싶지 않은 사람들이 많다는 것은 잘 안다. 하지만, 인간으로서 평등 그것은 자명한 사실이다. 다만 각자가 다른 세계관을 가지고 다양하게 살아갈 뿐이다.

우리는 상대의 외면을 보고 말을 어떻게 할지 결정하는 경향이 있다. 외면을 보고 그의 내면까지 판단하고 대하는 태도와 말투도 결정한다. 그러나 누군가의 내면을 절대 쉽게 판단해서는 안 된다. 우리는 물질문명 속에서 살아가고 있고, 거의 모든 기준을 물질에 두고 있다. 당연히 사람에 대한 평가도 마찬가지이다.

사람을 대할 때 동등한 인격체로 대하는 마음을 가지고 있어야 말 또한 인격을 담은 말이 나온다. 마음이 그렇지 않은데 말은 인격적으로 나오기는 절대 쉽지 않다. 우리는 인간이기 때문이다. 인간은 마음으로 통하는 것이지 꾸며낸 말로는 잠시 그렇게 느낄 수는 있겠지만, 진정으로 소통이 될 수는 없다. 내가 평소에 쓰는 단어나 말하는 습관을 한번 좀 되돌아보자. 그 사소한 말들이 내 운명을 좌우할 수도 있다. "친절한 말은 짧고 말하기도 쉽지만, 그 메아리는 오래 간다"라고 마더 테레사는 말했다. 그 짧고 쉬운 친절한 말 한마디가 당장 눈에 보이는 결과를 낳지는 못할지라도 우리가 상상하지 못하는 결과를 낳을 수도 있다.

일원론과 이원론

서양과 동양은 철학적 사유에 있어서 차이점이 있다. 서양의 철학적 사유는 세계와 자아를 둘로 분리하는 이원론으로 시작되어 근대 이후에 일원론을 발견하는 방향으로 나아갔고, 동양의 철학적 사유는 세계와 자아를 하나로 보는 일원론으로 시작했다. 서양과 동양은 각각 나름의 철학적 사유체계를 펼쳐나갔고, 이를 통해서 인류는 물질과 정신적 측면에서 발전해나갔다.

서양의 세계관은 플라톤의 이데아론을 근간으로 형성되었다. 서양의 세계관은 둘로 나누어진다. 첫 번째는 영원한 진리의 세계인데, 이 세계는 변하지 않고 완벽하며 오직 정신적 활동을 통해서만 도달할 수 있는 세계이다. 다른 하나는 현실 세계인데, 이 세계는 변화하고 불완전하며 우리의 다섯 가지 감각에 의해서 경험되는 세계이다. 이데아론은 세계를 이렇게 둘로 분리한다는 의미에서 이원론적 세계관이다. 사회, 문화, 종교, 철학, 정치에서 일상생활에 이르기까지 서양인은 세계를 둘로 분리해서 이해한다.

오늘날 우리도 그렇다. 동양의 세계관을 교육받고 자란 동양인이지만 서양의 세계관에 훨씬 더 익숙하다. 부자와 가난한 자, 남성과 여성, 동양과 서양, 신과 인간, 선과 악, 빛과 어둠, 맞고 틀림, 이성과 감성, 몸과 마음 등. 우리는 태어나면서부터 무엇인가를 구분하고 분리하는 데서부터 배움을 시작한다.

오랫동안 이원론적 세계관은 서양인의 근본적인 사유체계로 작동해왔다. 이원론적 세계관은 긍정적인 면과 부정적인 면 둘 다 가지고 있었다. 먼저 긍정적인 면은 학문과 과학 기술의 발달로 인한 물질적 풍요이다. 세계와 자아를 분리한 이원론에 의해 자아인 인간은 주체로서 그리고 자연은 대상으로서 기능하게 했다. 그러면서 인간은 주인으로서 물질인 자연을 분석하고 탐구하여 학문을 발전시키고 과학기술을 이루어 냈다. 하지만 이러한 긍정적인 면은 주체인 인간의 관점일 뿐 대상인 자연의 관점에서 보자면 부정적이다. 인간에게 이롭고 편리한 과학과 기술이 발달할수록 자연은 더욱더 파괴되어갔다. 인간과 자연의 관점에서뿐만 아니라 주체와 대상에 해당하는 각자의 입장에서 보자면 이원론은 늘 긍정적인 면보다는 부정적인 면이 더 많은 것이 사실이다. 긍정을 취하는 주체도 언젠가는 대상의 부정적인 면으로부터 그 인과응보를 되돌려 받을 테니 말이다.

　동양의 철학적 사유는 일원론으로 시작한다. 일원론은 이원론처럼 자아와 세계를 분리하지 않고, 그 둘을 통합적으로 고려한다. 일원론은 세계와 자아가 그 근원에서부터 분리될 수 없음이고, 이것이 동양의 스승들이 말하는 인류가 도달할 최종 사유이다. 자아와 세계가 분리될 수 없다는 것은 상호 작용한다는 뜻이다. 자아와 세계는 깊은 영향을 주고받는다. 앞서 말한 불교의 연기법처럼 모든 것은 서로 말미암아 일어나고 그물망처럼 얽혀 있어서, 이것이 있음으로 저것이 있고, 이것이 없으면 저것도 없는 것이다. 즉, 내가 있어야 세계가 존재하고, 내가 없으면 세계도 없는 것이다. 그러니 내가 세계를 바라보는 마음은 나 자신을 바라보는 마음과 같아야 한다. 그러나 서양의 이원론은 자아와 세계를 독립된 실체로 파악하고, 자아와 세계의 존재는 상호 작용하지 않는다고 규정한다. 그런데 어쩌면 오늘날 우리에게는 일원론보다 이원론이 더 상식적으로 보이고 와 닿을지도 모르겠다.

　서양의 이원론과 동양의 일원론은 균형이 유지되지 못했다. 근현대의 역사 속에서 동양의 설 자리는 위축되었고 서양을 중심으로 세계는 돌아갔다. 모든 동양인은 서양인을 쫓아가기에 바빴고 서양의 세계관을 지지하며 살아갔다. 그들의 기술, 문화, 철학과 사상을 빠르게 흡수했고, 사회 전반에서 서양의 것을 따라가기 시합이라도 하는 양 앞다투어 모방했다. 그만큼 우리는 동양의 세계관보다는 서양의 세계관에 익숙하다. 동양의 일원론적 세계관은 물질문명 속에서 살아가는 우리에게 더욱더 낯설게 느껴진다. 그처럼 동양의 위대한 스승들의 사상도 역시 우리에게 낯설게 느껴진다.

이제는 우리가 변화해야 할 때이다. 인식을 전환해야 한다. 인간은 모든 삼라만상과 하나이다. 얼음과 물이 근본적으로는 다르지 않은 것처럼, 우리는 각자의 고유한 형태를 다르게 지니고 있다고 해서 같지 않은 것이 아니다. 세상에 존재하는 모든 것은 상호 작용한다. 홀로 존재할 수 있는 것은 아무것도 없다.

내면의 여러 세계

우리는 늘 선택의 고민을 하면서 살아간다. 항상 짜장이냐 짬뽕이냐, 물냉면이냐 비빔냉면이냐를 외치며 이렇게 단순한 문제부터 심오한 문제까지 온갖 것을 내적으로 고민을 하며 살아간다. 인생은 갈등과 선택의 연속이라고 해도 과언이 아닐 정도로 말이다.

어쩌면 우리는 각자가 여러 세계를 살아가고 있는지도 모른다. 우리 눈에 보이는 현상계는 하나의 세계처럼 보이지만 우리 내면을 탐구해보면 여러 세계가 존재한다. 나의 내면 세계를 나도 다 알지는 못한 채 살아가고 있다. 아니 인식하지 못하고 살아가는 것이 맞겠다. 어제의 세계와 오늘의 세계, 양심의 세계와 비양심의 세계, 꿈꾸는 세계와 꿈을 깬 세계 등.

우리는 대부분이 온전한 자신의 세계를 살아가기가 쉽지 않다. 특히 자신이 원하는 바를 성취하려고 노력하는 과정에서는 그것과 연관된 사람, 사회적 기준, 조직이나 단체의 조건에 맞추어질 수밖에 없다. 아마 대부분이 그렇게 외부 세계에 맞춰져서 살아가면서 자신이 원하는 세계 속에서 살고 싶은 욕망으로 고뇌하고 내적 갈등을 겪고 있을 것이다.

물론 외부 세계도 내부 세계도, 내가 주체로 있는 것이라면 모두 나의 세계이다. 내부 세계 외부 세계를 분리한다는 의미가 아닌 그 반대로 외부 세계도 내부 세계도 모두 하나라는 것을 인지해야 한다. 다만 우리는 내면의 자신의 세계에 대해 올바르게 인식하고 온전히 확신할 수 있어야 한다. 자신에 대한 확신이 가득 차면 찰수록 외부 세계에 흔들리지 않고, 자신이 원하는 길을 갈 수 있다.

앞에서 언급했듯이 부의 끌어당김, 행운의 끌어당김. 이런 종류의 책들이 여러 번 베스트셀러에 오르고, 이슈가 되고 있다. 그러나 아무리 책을 읽고 실천을 해봐도 나에게는 기적이 일어나지 않는다. 우리는 갈수록 똑똑 해지고 있다. 단순히 그렇게 생각만 하면 이루어진다는 것보다 조금은 더 깊이 있고 근원적인 것을 탐구해야 할 때이다. 삼라만상의 유기적 관계와 일원론을 근간으로 자아와 세계가 하나라는 것을 인지해야만, 마음은 현실을 변화시킬 힘을 가진 에너지라는 것을 이해하고 실천할 수 있다. 그리고 무엇보다도 나의 온전한 세계 속에서 자신에 대한 확신이 가득 차 있을 때 비로소 내가 원하는 바를 끌어당길 수 있다.

타인의 고통을 우리의 문제로 인식하자

어떤 사람이 예루살렘에서 여리고로 내려가다가 강도들을 만났다. 강도들은 그 사람이 가진 것을 모조리 빼앗고 마구 두들겨 패서 반쯤 죽여 놓고 갔다. 마침 한 제사장이 바로 그 길을 내려가다가 그 사람을 보고 피해서 지나가 버렸다. 또 한 레위인도 거기까지 왔다가 그 사람을 보고 피해서 지나가 가버렸다. 유대 종교적 특권층에 속한 사람들로 마땅히 사람들의 모범이 되어야 했음에도 그들은 그렇지 못했다. 그런데 길을 가던 어떤 사마리아인은 그의 옆을 지나다가 그를 보고는 가엾은 마음이 들어 가까이 가서 상처에 기름과 포도주를 붓고 싸매어 주고는 자기 나귀에 태워 여관으로 데려가서 간호해주었다. 다음날 자기 주머니에서 돈 두 데나리온을 꺼내어 여관 주인에게 주면서 '저 사람을 잘 돌보아 주십시오. 비용이 더 들면 돌아오는 길에 갚아드리겠소.' 하며 부탁하고 떠났다. (누가복음서 10장 25~37절)

상처 입은 남자를 외면하고 그냥 지나쳐버린 사람은 제사장과 레위인이다. 그를 도와준 사람은 천하디천한 사마리아인이었다. 이웃을 사랑해야 한다고 교육받았고 또 그렇게 교육해왔던 지도층 인사는 나눔을 몸소 실천하지는 않았다. 그들은 아마도 크리스마스 같은 특별한 날에는 소외 계층을 위해서 자신들만의 방식으로 나눔을 실천하는 존경받는 사람들일 것이다. 그러나, 저렇게 처참히 피를 흘리며 죽어가는 사람에게는 온정을 베풀어주지는 않았다.

사회적 강자와 약자의 기준은 무엇일까? 앞서 등장한 제사장이 진정한 강자일까? 우리는 사회적 통념 속에서 사회적 기준으로 강자와 약자를 구분한다. 때론 내 마음속 기준과는 다를지라도 사회적 기준을 따라간다. 우리가 강자라고 지칭하는 사람들에게는 함정이 있다. 특히 그중에서 윤리를 실천하는 사람들은 더욱더 그렇다. 이렇게, 저렇게 살아야 한다는 계명 혹은 윤리 뒤에 숨어 자신의 약점을 감추는 것이다. 그들은 윤리적인 우월성을 내세워 자신의 삶이 빛나기만을 바랄 뿐 타인의 삶 속으로 함께 스며들지는 못한다. 그러니 그 삶이 진실로 빛을 발할 수는 없는 것이다.

그런데, 절실한 도움이 필요한 결정적인 순간에 초라하게 사라져버리는 그들의 모습은 그들만의 모습이 아닌, 결국 우리 모두의 모습은 아닐까? 나 또한 앞서 지하철 사건에서 언급한 것처럼, 결정적으로는 장애인을 도와주지 못한 것이다. 평소에 자비와 사랑을 외치면서도 말이다. 그 순간을 외면한 것이 계속 마음 한구석에 날카롭게 걸려있다.

우리는 모두 잘 알고 있다. 부족할 때만 도움을 받고, 또 풍족해서만 도와줄 수 있는 것이 아닌 것을. 우리는 서로 도움을 주며 풍요로워지고 도움을 받으면서 더욱더 빛이 나는 존재이다. 선한 사마리아인의 이야기 속의 상처 입은 가여운 사람 또한 우리의 자화상이다. 살아가면서 누구나 어느 순간 고통의 순간을 겪기 마련이니까. 우리는 그렇게 힘든 시기에 도움을 받고 위기를 극복해보면 그야말로 기적을 믿게 된다. 단순히 위기를 극복한 것뿐만 아니라, 또 다른 세상을 본 것이다. 그렇다. 혼란의 시기, 위기의 시기 그리고 어떤 새로운 세상이 온다고 해도 우리에게 꼭 필요한 것 중 하나는 '자비'와 '사랑'이다.

에필로그

우리는 왜 수많은 철학책을 읽고 종교를 공부하고 인문학을 추구하는 것일까? 생각보다 간단하다. 행복해지기 위해서이다. 지금 충분히 행복하지 않기 때문이다. 우리는 물질문명 시대에 모든 면에서 풍요로움을 누리며 살아가고 있다. 그리고 그 풍요로움을 더 많이 추구하기 위해서 애쓰며 살아가고 있다. 그런데 그 끝은 어디일까? 어디까지 가야 풍요롭다고 만족할 수 있을까? 어쩌면 그 풍요로움의 끝에 이른다 해도 만족보다는 허무함을 느낄지도 모른다. 정작 중요한 마음을 개척하지 않고 물질만 쫓았기 때문이다.

AI가 세상을 이끄는 4차 산업혁명 시대, 최첨단의 시대에 우리는 모두 불안해하면서 살아가고 있다. 세상이 아무리 변하고 불안한 시대가 오더라도 반드시 지켜내야 할 것은 우리 자신과 마음이다. 우리의 내면 '마음'을 개척해야 한다. 살아가면서 무언가를 이루어 내는데 가장 근원이 되는 것은 생각, 즉 마음의 힘이기 때문이다. 마음의 안정이든 성공이든 행복이든 모든 것은 마음먹기에 달렸고, 그 마음을 개척한 자만이 진정으로 자신이 원하는 삶을 살 수 있다. 마음을 개척하기 위해 도움이 될 만한 내용과 4차 산업혁명 시대를 대비하기 위해 근원적으로 필요한 내용을 전체 7가지 챕터를 〈1부 유소년기〉와 〈2부 청장년기〉로 제시했다.

아무리 시대가 변해도 따뜻한 마음만이 우리를 살아가게 해주는 동력이라는 의미로 첫번째 챕터를 시작했고, 두번째 세번째 챕터는 〈1부 유소년기〉, 네 번째 챕터부터는 〈2부 청장년기〉로 이어진다. 아무리 어려운 수학 문제도 기초가 탄탄하면 다 풀어낼 수 있다. 그런 것처럼 우리는 인생의 기초가 되는 유소년기부터 잘 살펴봐야 한다. 시대가 아무리 변하고 추구하는 트렌드가 있다고 해도 항상 기본에 충실해야 한다. 교육에 있어서 기본은 인성교육과 사랑이다. 나라의 미래가 교육에 달려있다고 해도 과언이 아닐 만큼 교육은 중요하다. 그래서 AI 시대를 대비할 교육에 대해서 다루었다.

그리고 유소년기의 성장 과정에서 만약 부족함이 있었다면 청장년기에는 스스로 내면을 마주하고 문제점을 찾고 고쳐 나가야 한다. 네 번째 챕터부터 시작하는 청장년기는 불안한 시대에 극복해야 할 심리를 다루었다. 물질과 상관없이 심리적으로 고통을 받으며 살아가는 사람들이 많이 있다. 특히 심리는 아동기부터 성인까지 이어지기 때문에, 행복하게 살아가기 위해서 우리가 반드시 살펴보아야 하는 문제이다. 그리고 이어서 AI 시대 인식론과 공존과 공생, 최종적으로 새로운 시대를 맞이해야 하는 우리의 자세에 대해서 다루었다.

어떤 경우에도 결국 나를 구할 수 있는 존재는 오직 내 자신이다. 나를 지키면서 살아가야 한다. 우리 앞에 펼쳐질 불안한 미래를 위기가 아닌 기회로 만들기 위해 자신의 마음을 먼저 개척하고, 타인을 사랑하고, 삼라만상이 하나임을 인지하여 공존과 공생의 길로 나가길 바란다. 그리고 무엇보다도 이 책을 읽고 스스로가 행복해지는 길을 찾기를 진심으로 바란다.

감사의 글

첫 책을 쓰기로 마음먹고 시작할 때의 그 설렘이 떠오릅니다. 출판사와의 계약을 통해 시작한 것도 아니고, 글을 아주 잘 써서 시작한 것도 아니었습니다. 오로지 사람들에게 따뜻한 마음을 전하고 저의 소중한 경험을 나누고 싶어서 쓰기 시작했습니다. 최대한 진심을 담아내고자 부족하지만 정말 애썼습니다. 마음처럼 잘 써지지 않아서 힘들 때도 많았기에 끝을 냈다는 것에 그리고 내가 열렬히 원했던 것을 해냈다는 것에 정말 뿌듯합니다.

사회에서 다양한 경험을 하고, 해외를 다니면서 보고 느끼고, 다양한 사람들을 만나서 깨닫고 배운 점을 나누고 싶었습니다. 무언가로 힘들어하는 사람에게는 그 마음을 알아주고 위로하고, 방향을 잃어 힘들어하는 사람에게는 제가 먼저 경험한 것들을 알려주고 싶었습니다. 제 책이 조금이라도 도움이 되고 위로가 되기를 진심으로 바랍니다.

책을 쓰기 시작할 때 그 누구보다 기뻐하며, 격려해 주었던 모든 분께 감사드립니다. 끝까지 포기하지 않도록 애정 어린 응원을 보내주고 사려 깊은 조언과 지원을 아끼지 않은 모든 분께 고개 숙여 고마움을 전합니다. 항상 내 편이 되어준 나의 가족 사랑합니다.

많이 부족하지만 나를 가감 없이 멘토라고 인정해주는 후배 그리고 나의 학생들 고맙고, 사랑합니다.

SNS로 소통하는 분 중에서 개인적으로 진지하게 고민 상담을 요청해주신 분들께도 진심으로 감사드립니다. 다양한 고민을 상담해주면서 저 또한 많이 성장할 수 있었으며, 책을 쓰는 데도 큰 힘이 되었습니다.

원고 탈고 중에 외할머니께서 하늘나라로 가셨습니다. 외할머니는 평소에 저를 보면 십여 년 전 뉴스에 나온 일까지 기억해내시며 무척 자랑스러워하셨습니다. 그 누구보다 저의 일을 지지해주고 응원해 주셨습니다. 책을 쓰기 시작할 때도 매우 기뻐하셨습니다. 조금만 더 빨리 책이 출간되었다면 보여드렸을 텐데 하는 아쉬움이 큽니다. 하늘에 계신 할머니께 이 책을 바칩니다. 또한, 뜻을 받들어 나눔을 실천하는 삶을 살아가겠습니다.

그리고 마지막으로 부족하지만, 원고 투고를 받아들여 주시고 출판의 기회를 기꺼이 주신 생각의빛 출판사에 진심으로 감사드립니다.

제니 안 드림

AI시대, 인식하면 바뀐다

초판 1쇄 발행 | 2020년 10월 30일

지은이 | 제니 안
펴낸이 | 김지연
펴낸곳 | 생각의빛

주 소 | 경기도 파주시 한빛로 70 515-501

출판등록 | 2018년 8월 6일 제 406-2018-000094호

ISBN | 979-11-90082-71-6 (03190)

원고 투고 | sangkac@nate.com

ⓒ제니 안, 2020

* 값 13,200원

* 생각의빛은 삶의 감동을 이끌어내는 진솔한 책을 발간하고 있습
니다. 참신한 원고가 준비되셨다면 망설이지 마시고 연락주세요.
이 도서의 국립중앙도서관 출판예정도서목록(CIP)은 서지정보유통
지원시스템 홈페이지(http://seoji.nl.go.kr)와 국가자료종합목록 구
축시스템(http://kolis-net.nl.go.kr)에서 이용하실 수 있습니다. (CIP
제어번호 : CIP2020041473)

독자님, 이렇게 책으로 만나뵙게 되어 영광입니다.
블로그, SNS, 유튜브 등에 이 책을 읽은 리뷰를 남겨주시면
큰 힘이 됩니다.
리뷰에는 사진을 찍어 올려주시면 더욱 감사합니다♡
동영상으로 촬영하셔도 됩니다.
독자님의 따뜻한 감상평은 독서의 시간을 더욱 아름답게 할 것입니다.
앞으로도 더 좋은 책으로 만나뵙겠습니다.